www.ingramcontent.com/pod-product-compliance
Lightning Source LLC
LaVergne TN
LVHW010824051026
849532LV00007B/2618
* 9 7 8 9 3 6 9 0 8 3 5 2 7 *

کچھ چہرے کچھ باتیں

(مضامین)

منظور احمد

Kuch Chahre kuch Baatein (Essays)

by: Manzoor Ahmed

Edition: March '2026

Publisher :

Taemeer Publications LLC (Michigan, USA / Hyderabad, India)

ISBN 978-93-6908-352-7

9 789369 083527

کتاب	:	**کچھ چہرے کچھ باتیں** (مضامین)
مصنف	:	**منظور احمد**
صنف	:	نثری مضامین
ناشر	:	تعمیر پبلی کیشنز (حیدرآباد، انڈیا)
سالِ اشاعت	:	۲۰۲۶ء
صفحات	:	۱۱۲
سرورق ڈیزائن	:	تعمیر ویب ڈیزائن

فہرست

حضرت امجدؔ حیدرآبادی

شعر و ادب کے بعض ممتاز نقادوں کی رائے میں کوئی بھی شاعر، اُسی وقت صحیح معنوں میں بڑا اور عظیم شاعر کہلایا جاسکتا ہے جبکہ وہ ایک عظیم انسان بھی ہو یعنی کسی بھی بڑے شاعر میں انسانیت کے اعلیٰ اوصاف کا پایا جانا بھی بے حد ضروری ہے۔

رباعی کے بہت مشہور اور ہر دلعزیز شاعر، سرمد ثانی اور اُردو کے سعدی حضرت سید احمد حسین امجد حیدرآبادی ان نقادوں کے اس معیار پر پورے اُترتے ہیں۔ حضرت امجد نہ صرف ایک ممتاز رباعی گو شاعر تھے بلکہ ایک عظیم انسان بھی تھے۔ شائستگی، سنجیدگی، انکساری، فروتنی، خاکساری، ہمدردی، تہذیب اور شرافت کا وہ ایک اعلیٰ اور عملی نمونہ تھے۔

حیدرآباد میں آج بھی سیکڑوں لوگ ایسے ہوں گے جنھوں نے حضرت امجدؔ کو بچشم خود دیکھا ہے۔ بہت سے ایسے بھی ہوں گے جنھیں مختلف محفلوں میں کلام شاعر بزبان شاعر کے مصداق حضرت امجد کی زبان سے اُن کا کلام سننے کا موقع ملا ہے۔

حضرت امجدؔ کی ذات سے یہ خصوصیت وابستہ تھی کہ محفل میں شریک

حضرات پر اُن کے کلام کے سحر کے ساتھ ساتھ ان کی شخصیت کا جادو بھی نہایت خاموش طریقے سے اثر کرتا جاتا تھا اور لوگ ان کے کلام کے علاوہ ان کی مقناطیسی شخصیت کے بھی گرویدہ ہوتے جاتے تھے ؎

رشتہ اِی در گردنم افگند دوست
می کشد ہر جاکہ خاطر خواہِ اوست

والہانہ وابستگی کے یہ مناظر ایسی کئی محفلوں میں دیکھے گئے جن میں حضرت امجد نے شرکت فرمائی تھی۔ شخصیت کا جادو، کلام کے حسن اور اس کی تاثیر کو دوبالا کر دیتا ہے اور دیکھنے اور سننے والے، آئینہ کی طرح حیران رہ جاتے ہیں اور یہ فیصلہ نہیں کر پاتے کہ شخص اور اس کی شخصیت کا نظارہ کریں یا اُس کا کلام سنیں۔ حضرت امجد کی شخصیت اور شاعری سے متاثر ہونے والوں اور ان کے قدر دانوں کا حلقہ بہت وسیع تھا۔ ان کی شاعری کی شہرت اُن کی زندگی ہی میں حیدرآباد کی سرحدوں کو پار کرتی ہوئی، سارے ہندوستان بلکہ پوری اُردو دُنیا میں پھیل چکی تھی۔ بڑے بڑے نقادوں، ادیبوں، شاعروں اور اہم شخصیتوں نے ان کی زندگی کے ان دونوں پہلوؤں کو خراج تحسین پیش کیا ہے۔ علامہ گرامی ڈاکٹر سر محمد اقبال، مولانا وحید الدین سلیم، عظمت اللہ خان، علی حیدر نظم طباطبائی، مولانا سلیمان ندوی، عبداللہ عمادی، مولانا مناظر احسن گیلانی نے حضرت امجد کی رباعی گوئی کی انفرادیت اور اس کے اعلیٰ معیار کو سراہا ہے۔ مولانا سید سلیمان ندوی نے اپنے رسالہ "معارف" بابتہ فروری ۱۹۳۳ء میں لکھا تھا کہ معارف کا یہ شیوہ نہیں کہ شاعروں کو خطابات بانٹے لیکن حضرت امجد کی نوبہ نو حکمت آموز شاعری نے اس کو اعتراف فضل پر مجبور کیا اور بلفظ حکیم الشعراء سے واقعہ کا اظہار کیا۔

"شاعری کہ جزویست از پیغمبری" کے مقولہ کا اطلاق امجد کے کلام پر صادق آتا ہے۔ سادگی، سلاست اور روانی، حضرت امجد کے کلام کا جوہر ہیں۔ امجد کی رباعیاں گاگر میں ساگر، اور کوزہ میں سمندر کی تشریح اور توضیح ہیں۔ ان کے کلام میں آمد ہی آمد ہے۔ آورد کا شائبہ کہیں بھی نہیں۔ اُن کی رباعیوں میں دل میں اتر جانے والی باتیں ہیں۔ نقش کالحجر ہونے والے خیالات ہیں زندگی کی ناپائیداری، دُنیا کی بے ثباتی، دولت واقتدار کی دھوپ چھاؤں، انسان کی لغزشیں، بشری کمزوریاں، غرور، حسد، انتقام، انانیت، غم، رنج، ناکامی، حسرت ویاس، محرومی، بے سروسامانی، خواہشوں، آرزوؤں، تمناؤں کا ہجوم اور ان کی یلغار کے افسوس ناک نتائج انسان کا اعلیٰ مقام، انسانیت کے لوازمات، عاجزی، فروتنی، انکساری، بے غرضی، بے نیازی اور ملنساری، یہ اور ایسے کئی اور موضوعات، حضرت امجد کی نظموں اور رباعیوں کا عنوان ہیں۔

حضرت امجد کی بہت سی رباعیاں، قرآن مجید کی آیتوں اور احادیث کی تفسیر اور تشریح ہیں۔ اس طرح اردو کے اس عظیم اور ممتاز شاعر نے اپنی رباعیوں کے ذریعہ اسلامی تعلیمات کو عام کیا اور انھیں دُور دُور تک پہنچایا ہے ــــ فارسی میں یہ جو کہا گیا ہے کہ "ہرچہ از دل خیزد بر دل ریزد"۔ حضرت امجد کے کلام پر پورا پورا صادق آتا ہے۔

ع دل سے جو بات نکلتی ہے اثر رکھتی ہے!

رُباعیوں میں حضرت امجد نے اپنے دل کی باتیں کہی ہیں اور یہ ساری باتیں چونکہ ان کے دل سے نکلی ہیں، اس لیے ان کے سُننے اور پڑھنے والوں کے دل کو متاثر کرتی ہیں اور سننے اور پڑھنے والا خیالوں کی دنیا میں کھو سا جاتا ہے۔ میرا ذہن، تیزی سے ماضی کے اوراق الٹ رہا

ہے۔ لسان الامت، قائدِ ملت نواب بہادر یار جنگ کی خطابت کے جادو سے ہر شخص متاثر ہو چکا تھا۔ نواب صاحب کی ہر دلعزیزی اور مقبولیت میں تیزی سے اضافہ ہو رہا تھا۔ نواب صاحب کی شخصیت، اقبال کے مصرع ؏ "نگاہ بلند سخن دل نواز، جاں پُر سوز" کا مجسم نمونہ تھی۔ اپنی شہرت اور مقبولیت کے بام عروج پر پہونچ کر نواب بہادر جنگ اچانک رحلت فرما گئے۔ ہر طرف جیسے اندھیرا چھا گیا۔ کیونکہ علم و دانش سیاست وحکمت شرافت و اخلاق، بصیرت اور فکرِ صحیح کا سورج غروب ہو گیا۔ دلوں کو ہلا دینے والے اس صدمہ سے پوری قوم شدید طور پر متاثر تھی۔ نواب بہادر یار جنگ کی اچانک جدائی کے اَلَم انگیز سانحہ پر تعزیتی جلسے منعقد ہونے لگے۔

ایسا ہی ایک تعزیتی جلسہ حیدرآباد کی ایک ٹاکیز کے وسیع ہال میں منعقد ہوا۔ سوگوار اور غمزدہ سامعین میں، میں بھی شامل تھا۔ اس تعزیتی جلسے میں حضرت امجد نے ایک صوفی صافی کے مخصوص والہانہ اور گم صم انداز میں نیم وا آنکھوں سے حاضرین کی طرف اچٹتی ہوئی سی نظر ڈالتے ہوئے اپنی یہ رُباعی سُنائی:

دل شاد نہیں تو ناشاد سہی   لب پر نغمہ نہیں تو فریاد سہی
ہم سے دامن چھڑا کے جانے والے   جا جا تو نہیں تو تری یاد سہی

اُس وقت کی الم انگیز فضا میں حضرت امجد کی اس رباعی نے تمام حاضرین کے دلوں پر عجیب رِقت انگیز کیفیت طاری کر دی تھی۔ آہ اور واہ کی آوازوں سے فضا گونجنے لگی اور واقعی حضرت امجد کے خیال کے مطابق آج بھی ہزاروں بلکہ لاکھوں لوگوں کے دلوں میں اس مختصر لیکن یادگار اور ناقابلِ فراموش دَور کی یادوں کے چراغ روشن ہیں جس میں نواب بہادر یار جنگ کی آواز نے سوتوں کو جھنجھوڑا اور انھیں غفلت کی نیند سے بیدار کیا تھا:۔

حیف در چشم زدن، صحبتِ یار آخر شد
رُوے گُل سیر ندیدیم و بہار آخر شد

پروفیسر سید محمد صاحب کے دولت خانہ "زینب منزل" واقع سلطان پورہ (حیدر آباد) میں کئی سال پیشتر قوالی کی ترتیب دی ہوئی ایک محفل میں استاد محترم کی نوازش سے مجھے بھی شرکت کی سعادت حاصل ہوئی تھی۔ ہیں "زینب منزل" کے بڑے دالان میں سفید چاندنی کے فرش پر قدم رکھنے ہی والا تھا کہ حضرت امجد پر نگاہ پڑی۔ دیکھا کہ وہ ایک صوفی صافی کی طرح درویشانہ انداز میں تشریف فرما ہیں۔ دل مسرت سے معمور ہو گیا کہ اب قوالی کا لطف دوبالا ہوگا۔ حضرت امجد کا روح کی گہرائیوں میں اُتر جانے والا کلام، اُن کی موجودگی میں ایک مشہور اور مقبول قوال سے سُننے کا موقع ملے گا۔ حضرت امجد کے سر پر سفید کپڑے کی نہایت سادہ ٹوپی تھی۔ اپنے دونوں گھٹنوں کے اطراف انھوں نے ایک معمولی سا رومال لپیٹ لیا تھا اور چہرے سے ایسا معلوم ہو رہا تھا کہ وہ کسی گہری سوچ میں گم ہیں۔ میں ایک کونے میں بیٹھ گیا۔ قوال نے امجد کی بعض مشہور و مقبول بلکہ زبان زدِ خاص و عام نظمیں سنائیں۔ سماں بندھ گیا۔ محفل کا ہر شخص، دُنیا و ما فیہا سے بے خبر اور بے نیاز ایک اور ہی عالم میں پہنچ گیا۔ جہاں پہنچنے کے بعد کسی کو کسی کی خبر تو کیا خود اپنی خبر نہیں ہوتی ع

کاں راکہ خبر شد خبرش باز نیامد

یا بقول غالب ؎

ہم وہاں ہیں جہاں سے ہم کو بھی
کچھ ہماری خبر نہیں آتی

ادھر حضرت امجد مکمل محویت کی مجسم تصویر بنے بیٹھے تھے۔ دلوں کو چھو لینے اور بے قرار کرنے والے اپنے اشعار اور قوال کے فن سے جب

حضرت امجد بے حد متاثر ہوتے تو بے انتہا ضبط کے باوجود، کرب کے عالم میں بے اختیار اپنی جگہ سے کسی قدر اُٹھ جاتے تھے۔ ان کی اس کیفیت سے اُن کے جذبِ اندروں، اضطرابِ مسلسل اور دل میں برپا طغیانِ مشتاقی کا اندازہ لگایا جا سکتا تھا۔ قوال پُرسوز لَے میں امجد کے اشعار سنا رہا تھا بلکہ انھیں بار بار دہرا رہا تھا۔ وہ اشعار جو لطیف احساسات کے ترجمان تھے، جو قرآن مجید اور احادیث کی تفسیر اور تشریح تھے جو اخلاقی اقدار کے پیامبر تھے جو زندگی کے مشاہدات اور تجربات کا نچوڑ تھے جو معرفت اور حقیقت کا گنجینہ تھے۔

درویشی اور قلندرانہ صفات نے حضرت امجد کو ساری دنیا سے مستغنی اور بے نیاز کر دیا تھا۔ انھوں نے دنیا کے شدائد کا نہایت صبر و تحمل، ہمت اور استقامت سے مقابلہ کیا اور وہ ہمیشہ ہر حال میں مُسکراتے رہے۔ بڑی سے بڑی مصیبت بھی ان کے حق میں دراصل اللہ سے ان کی محبت کی آزمائش تھی اور وہ اس آزمائش میں ہمیشہ پورے اُترے۔ بقول جگر مرادآبادی

ﮯ تری خوشی سے اگر غم میں بھی خوشی نہ ہوئی
وہ زندگی تو محبت کی زندگی نہ ہوئی

نظیر اکبرآبادی کے اس مصرع ؎

ع پورے ہیں وہی مرد جو ہر حال میں خوش ہیں

اور میر تقی میر کے اس شعر ﮯ خوش رہا جب تک رہا جیتا
میر معلوم ہے قلندر تھا

کے عین مطابق حضرت امجد نے قلندرانہ انداز میں زندگی بسر کی۔ انھوں نے ایک ایسا رنگ اختیار کر لیا جسے احسن رنگ، اللہ کا رنگ کہا گیا ہے۔

(صبغۃ اللہ ومن احسن من اللہ صبغۃ) اور اسی رنگ میں وہ مست و بے خود رہنے لگے۔

سابق مہتمم صدر شفاخانہ یونانی (حیدرآباد) حضرت خسرو شاہ نظامی کے دولت خانہ واقع چیلی بازار پہ آراستہ ایک محفل بھی مجھے یاد رہے گی جس کے ممتاز مہمان مولانا خواجہ حسن نظامی اور حضرت امجد تھے۔ جب قوال نے حضرت امجد کا کلام سنانا شروع کیا تو ساری محفل پہ ایک عجیب وجد کی سی کیفیت طاری ہوگئی۔ ہر شخص جھوم رہا تھا۔ بعض آنکھیں پرنم تھیں۔ خود حضرت امجد کیف وجذب کے عجیب وغریب عالم میں آنکھیں بند کئے۔ فنا فی المحبوب تھے۔ اقبال نے کہا تھا کہ ؎

ہو دید کا جو شوق تو آنکھوں کو بند کر
ہے دیکھنا یہی کہ نہ دیکھا کرے کوئی

قوالی کی ایسی شائستہ اور روح پرور محفلیں میرے لیے اس لیے بھی یادگار اور ناقابل فراموش ہوگئی ہیں کہ ان محفلوں میں مجھے گھنٹوں حضرت امجد کی ہم جلیسی کا شرف حاصل رہا۔ انھیں جی بھر کر دیکھنے کا موقع ملا۔ وہ آنکھیں یقیناً قابلِ رشک ہیں جنھوں نے ایسی عظیم اور بے مثال شخصیتوں کو دیکھا۔ امجد جیسی قابلِ احترام شخصیت کے ساتھ گزارے ہوئے یہ لمحے، میرے لیے ایک نعمتِ غیر مترقبہ اور میری زندگی کا قیمتی سرمایہ ہیں ؎

نظارہ کو تو جنبش مژگاں بھی بار ہے
نرگس کی آنکھ سے تجھے دیکھا کرے کوئی

آج ٹی۔ وی پر بھی قوالی کے پروگرام پیش ہوتے ہیں۔ بڑے بڑے جلسوں اور بڑی بڑی شاندار محفلوں میں قوال جھوم جھوم کر حضرت امجد کا کلام سناتے ہیں۔ سننے والے بے خود ہوتے ہیں لیکن میری نگاہیں ان روح پرور نظروں

اور رباعیوں کے خالق حضرت امجد کو بے اختیار ٹی۔وی کے پردے پر اور جلسوں اور محفلوں کے شہ نشیں (ڈائس) پر ڈھونڈتی ہیں لیکن افسوس ع

جو ہے اپنا نظر نہیں آتا

اور اب جس کے دیکھنے کو آنکھیں ترستیاں ہیں کیونکہ وہ تو ۲۹ مارچ ۶۱ء کو ہم سے ہمیشہ ہمیشہ کے لیے جُدا ہو گئے۔

حضرت امجد ہمارے درمیان تھے تو کسی نے ان کی قدر نہیں کی یعنی ایسی قدر جس کے وہ یقیناً مستحق تھے اور حقیقت تو یہ ہے کہ آج بھی ان کا یوم پیدائش اور یوم وفات "زمین مردہ" کی پروردہ ہماری بے حس قوم کے کیلنڈر سے ایسے محو ہو گئے ہیں جیسے ان دو تاریخی دنوں کی کوئی اہمیت اور معنویت ہی نہ ہو۔

؎ ہر کس از دستِ غیر نالہ کند

سعدی از دستِ خویشتن فریاد

میں نے ایک مرتبہ حضرت امجد کو ایک چھوٹی سی ٹوکری ہاتھ میں تھامے ہوئے پتھر گٹی کی سڑک کو پار کرتے ہوئے بھی دیکھا ہے۔ وہ اردو کے بلند مرتبہ رباعی گو شاعر تھے۔ ان کی شہرت دنیا کے گوشے گوشے میں پہونچ چکی تھی لیکن انھوں نے نفس کو سر اُٹھانے کا کبھی موقع ہی نہیں دیا۔ وہ زندگی کی آخری سانس تک سادگی اور انکسار کا مجسم پیکر ہی رہے۔ ان میں غرور و تمکنت کا شائبہ بھی کبھی پیدا نہ ہو سکا۔ ضرورت کی کسی چیز کے خریدنے کے لیے خود بازار جانے میں انھیں کبھی تامل نہیں ہوا۔ ان کی عملی زندگی ہم سب کے لیئے عموماً اور نئی نسل کے لیے خصوصاً قابلِ تقلید نمونہ ہے۔ ان کے اعلیٰ اوصاف اب ایک مینارۂ نور ہیں جس کی روشنی میں زندگی کی پُرخطر راہوں اور دشوار گزار منزلوں کو بآسانی طے کیا جا سکتا ہے۔

زندگی بسر کرنے کے ان کے طریقے اور سلیقے نے دل شکن اور روح فرسا ماحول میں سانس لینے والوں کو حوصلہ اور طاقت عطا کی ہے۔ مشکل حالات میں گھرے ہوئے انسانوں کے دل میں امجد کی زندگی، خود اعتمادی اور خداشناسی کا حوصلہ پیدا کرتی ہے۔ وہ عالم باعمل تھے اور ان کا کلام ان کی زندگی کا آئینہ تھا۔

حضرت امجد کے انتقال سے کچھ عرصہ پہلے ڈاکٹر بی۔ گوپال ریڈی اچانک محلہ آغاپورہ میں واقع ان کے دولت خانہ پہونچے اور ان کی خدمت میں کیسۂ زر پیش کیا۔ میں سمجھتا ہوں کہ یہ مستحسن اقدام اس گوشہ نشین، خلوت گزیں اور من کی دنیا کی سیر میں مگن اردو کے ممتاز شاعر کو ایک اور زبان (تلگو) کی ایک بزرگ شخصیت کا خراج تحسین بھی تھا۔

یادوں کے جھروکے سے ایک اور منظر ابھر رہا ہے۔ ایک سہانی صبح کو بانی ادارہ ادبیاتِ اردو (حیدرآباد) ڈاکٹر زورؔ نے سوچا کہ اردو کے اس ہر دلعزیز رباعی گو شاعر کی خدمات کے اعتراف کے طور پر شایانِ شان طریقے سے ڈائمنڈ جوبلی کا اہتمام ضروری ہے جس میں ان کی خدمت میں سپاس نامہ اور زرِ پیش کیا جائے چنانچہ ۳۱۔ جنوری ۱۹۵۵ء کو ڈاکٹر زورؔ کی رہنمائی میں ادارۂ ادبیاتِ اردو حیدرآباد نے حضرت امجد کی ڈائمنڈ جوبلی منائی۔ افضل العلماء ڈاکٹر عبدالحق چیرمین پبلک سرویس کمیشن مدراس نے اس یادگار جلسے کی صدارت فرمائی تھی۔ اس جشن کی ہما ہمی اور رونق کے مناظر مدتوں حافظہ میں تازہ رہیں گے۔

حضرت امجد کے کلام سنانے کا انداز بھی بہت منفرد، مخصوص اور دلکش تھا۔ وہ اپنی رباعیاں اثر انگیز لہجہ میں تحت اللفظ سنایا کرتے تھے۔ سناتے وقت مضمون یا خیال کی گویا تصویر بن جاتے اور ایسا معلوم ہوتا تھا کہ وہ خود اپنے کلام کے جادو سے بے حد متاثر ہیں۔ کلام سنانے کے بعد کھوئے کھوئے سے

انداز میں نہایت آہستہ آہستہ قدم بڑھاتے ہوئے وہ اپنی نشست کا رخ کرتے اور تھوڑی دیر تک بالکل کھوئے ہوئے سے رہتے۔

مارچ ۱۹۵۳ء میں گورنمنٹ ہائی اسکول چوک (حیدرآباد) سے صدر مدرس جناب مرزا سرفراز علی کی زیر سرپرستی، طلبا کا ترجمان رسالہ "نورس" شائع ہونے والا تھا۔ یہ چونکہ پہلا شمارہ تھا اس لیے طے کیا گیا کہ اس شمارے کے لیے حضرت امجد سے رباعی کی صورت میں طلباء کے لیے ایک پیام کی درخواست کی جائے۔ اس سلسلے میں ایک روز میں حضرت امجد کی خدمت میں حاضر ہوا۔ بہت قریب سے دیکھنے ملنے اور بات چیت کرنے کا بالکل پہلی مرتبہ مجھے اتفاق ہو رہا تھا۔ دروازہ پر دستک دی۔ اطلاع ملتے ہی دیوان خانے میں تشریف لائے۔ بڑی خندہ پیشانی سے ملے۔ مجھ سے دریافت فرمایا کہ کیسے آنا ہوا۔ "نورس" کے لیے پیام کی درخواست پر چند لمحوں تک وہ سوچتے رہے۔ پھر خود اپنے ہاتھ سے انھوں نے اپنی دو رباعیاں لکھ کر اپنی دستخط کے ساتھ مجھے عنایت فرمائیں۔

کچھ نہ کرنا بڑی خرابی ہے — کچھ کئے جاؤ لے کے نام خدا
کام کرنا ہی کامیابی ہے — کامیابی کچھ اور چیز نہیں

لب پر کس شخص کے دم سرد نہیں — کس کا چہرہ ہے آج جو زرد نہیں
ہر فرد ہے دردمند فرداً فرداً — لیکن کوئی کسی کا ہمدرد نہیں

دفتر صدر محاسبی (اکاؤنٹنٹ جنرلس آفس) میں اپنی کرسی پر بیٹھے ہوں یا کسی ادبی محفل میں رونق افروز ہوں، کہیں کسی سڑک پر، بازار میں یا خود اپنے گھر میں، کہیں ہوں وہ عاجزی، فروتنی اور کسر نفسی کا مجسمہ تھے۔ میں گورنمنٹ مڈل اسکول کاچی گوڑہ حیدرآباد کی ساتویں جماعت کا طالب علم تھا۔ یہ ۱۹۳۸ء

کی بات ہے۔ ضروری خانگی کام کے سلسلے میں اپنے ایک رشتہ دار جناب عبدالغنی صاحب سے ملنے کے لیے مجھے دفتر صدر محاسبی جانے کا اتفاق ہوا۔ اس زمانے میں یہ دفتر نواب سالار جنگ بہادر کی دیوڑھی (دیوان دیوڑھی) کے ایک حصہ میں تھا۔ مجھے اچھی طرح یاد ہے کہ میرے یہ رشتہ دار، دفتر صدر محاسبی کے اس سکشن (صیغہ) کی طرف مجھے بطور خاص لے گئے جہاں حضرت امجد تشریف فرما تھے اور اپنے دفتری کام میں مصروف تھے۔ انھوں نے دور سے مجھے اپنے ہاتھ کی انگلی سے اشارہ کرکے بتایا وہ دیکھو! وہاں، اس میز سے لگے ہوئے جو صاحب بیٹھے ہیں، وہی امجد صاحب ہیں جو اردو کے مشہور شاعر ہیں اور رباعی خوب کہتے ہیں۔ میں نے اشتیاق کے ساتھ انھیں دیکھا اور اپنی نظریں ان پر جادیں۔ پلک جھپکائے بغیر غور سے دیکھا اور دیکھتا ہی رہ گیا۔ لیکن اس وقت میرا حصّہ دور کا جلوہ تھا۔ اس کے باوجود میرے دل میں ایک لمحہ کے لیے یہ خیال آیا کہ چلو آج ایک بڑے آدمی اور ایک بڑے شاعر کو میں نے دیکھا مجھے فخر سا محسوس ہونے لگا۔ کم ازکم اپنے خاندان کے ہم عمر ساتھیوں میں حضرت امجد کو میں نے ہی سب سے پہلے دیکھا۔ اس خیال کے آتے ہی دلی مسرت ہوئی۔ میں اپنے دل کی اس کیفیت کو بھی حضرت امجد کی شخصیت کی مقناطیسیت کا نتیجہ سمجھتا ہوں۔

حضرت امجد کی زندگی میں رودِ موسیٰ کی طغیانی ماہ ستمبر ۱۹۰۸ء کے الم ناک حادثہ نے ایک انقلاب برپا کردیا۔ ان کے کلام میں درد و اثر، غم و الم کی پرچھائیاں دنیا کی بے ثباتی اور انسان کے فنا ہونے اور مٹنے کے مضامین اس افسوس ناک اور غم انگیز حادثہ کا ردِ عمل ہیں۔ اس طغیانی نے اُن کی والدہ، ان کی بیوی اور صاحبزادی کے علاوہ دیگر افراد خاندان کو ان سے ہمیشہ ہمیشہ کے لیے جُدا کردیا۔ ایک قیامت برپا ہوگئی۔ ان کا دل دُنیا کی حظوں سے اُکتا گیا۔ وہ مجھے

بجھے سے رہنے لگے۔ پھر خدا کی یاد نے انھیں سہارا دیا۔ اور وہ عشقِ حقیقی میں ڈوب گئے۔ انھوں نے خدا سے اپنا رشتہ مضبوطی سے جوڑ لیا۔ اور وہ اسی کی محبت کے نشہ میں شب و روز سرشار رہنے لگے۔

حضرت امجد جیسی شخصیتیں باربار پیدا نہیں ہوتیں۔ رباعی گوئی کا فن اُن پر ختم ہوگیا۔ انھوں نے رباعی کے مرتبہ اور مقام کو اونچا کیا بلکہ رباعی کو زندگیٔ دوام عطا کی۔

مہاراجہ کشن پرشاد

حیدرآباد، جن چند عظیم شخصیتوں پر بجا طور پر ناز کرسکتا ہے ان میں مہاراجہ سرکشن پرشاد کا نام ہمیشہ عزت واحترام کے ساتھ لیا جاتا رہے گا۔ مہاراجہ سرکشن پرشاد اپنے جدِ اعلیٰ مہاراجہ چندو لال شاداںؔ کی طرح شعر وادب کے رسیا اور سرپرست تھے۔ پیشکاری کے موروثی عہدہ کی طرح ادبی ذوق اور تصنیف وتالیف کا شوق بھی انھیں مہاراجہ چندو لال شاداںؔ سے ورثہ میں ملا تھا۔ اور نثر و نظم دونوں پر یکساں قدرت رکھتے تھے۔ نظم کی ہر صنف میں انھوں نے طبع آزمائی کی اور اپنے کمالِ فن کے جوہر دکھائے۔ وہ پُرگو شاعر تھے۔ اُن کی غزلیں، رباعیاں، اُن کے قصیدے اور مسدس اور مشہور مثنوی "پریم درپن" فنِ شعر گوئی سے اُن کے گہرے اور فطری لگاؤ کا بیّن ثبوت ہیں۔ مہاراجہ کشن پرشاد کی نظم ونثر دونوں میں سادگی، روانی اور بے ساختگی پائی جاتی ہے۔ زبان نری شستہ و رفتہ ہے۔ ان کی طبیعت کی رنگا رنگی اور تنوع پسندی، مختلف اصنافِ سخن میں فن کارانہ مہارت کے ساتھ شعر گوئی کی بہترین صلاحیت نے شہرت کے ساتھ ساتھ انھیں مقبولیت عطا کی تھی۔ سرکاری مصروفیات کے باوجود وہ اپنے ادبی ذوق کی تسکین کے لیے جس وقت نکال لیا کرتے تھے۔ دورانِ سفر میں ان کی طبیعت ... گوئی کی طرف مائل ہوجایا کرتی تھی۔ وہ اپنے فارسی کلام

کے سلسلے میں علامہ شوستری، ضیاء یار جنگ، مولانا عمادی، مسعود علی محوی اور ترکی سے، اور اُردو کلام کے لیے بچو لال تمکین، عبد العلی والہ، مظفر الدین معلی سے مشورہ کیا کرتے تھے۔ جب انھیں فصیح الملک نواب مرزا خاں داغ دہلوی جیسا صاحب طرز استاد ملا تو مہاراجہ داغ کے رنگ سے متاثر ہوے۔ اور ان کے رنگ میں غزل کہنے لگے۔ اسی لیے ان کی غزل میں کہیں کہیں داغ کے لطف زبان اور حسنِ بیان کی جھلکیاں بھی نظر آتی ہیں۔ داغ کے رنگ اور ان کے لب و لہجہ اور انداز میں کہی ہوئی غزلوں میں سے تین شعر پیش ہیں:

ہو عدو ناشاد کیوں کیسی کہی　　دوست تیرے شاد کیوں کیسی کہی

پوچھتے ہو گر حالِ فرقتِ شاد　　ہاتھ سے پہلے دل کو تھام تو لو

مئے و ساقی و ساغر یار و باغ راحت فزا ہے　　فقط ہم شاد صاحب منتظر شاد کی بیٹھے ہیں

مہاراجہ کی غزلوں کے چار مجموعے (۱) باغِ شاد (۲) خمکدہ رحمت موسوم بہ ہدیہ شاد (۳) نغمۂ شاد اور (۴) بیاض شاد ہیں۔ محترمہ ڈاکٹر حبیب ضیاء نے مہاراجہ سرکشن پرشاد شاد، حیات اور ادبی خدمات" میں لکھا ہے کہ بیاضِ شاد میں مہاراجہ کے تغزل کا بہترین نمونہ ملتا ہے۔ بعض رسائل مثلاً محبوب الکلام، حیاتِ سخن، جشنِ آصفیہ، گلدستۂ دلفگار، گلدستۂ فیض، بزمِ رنداں، بزمِ شاد، کشکول نظام المشائخ، گلزار سخن اور گلدستہ دار السلطنت میں بھی مہاراجہ کا کلام شایع ہوا کرتا تھا۔

مہاراجہ کو تصوف سے گہرا لگاؤ تھا اور تصوف کے بارے میں ان کا مطالعہ بہت وسیع تھا۔ تصوف کے زیرِ اثر، وہ درویش صفت ہو گئے تھے انکساری، فروتنی، اخلاق، شرافتِ نفس، ملنساری، خدا ترسی، روا داری ان کے نمایاں اوصاف تھے۔ ان کا مسلک انسانیت تھا۔ وہ اپنے مذہب کے

احکام پر کاربند رہتے ہوے، دوسرے مذاہب کا دل سے احترام کرتے تھے۔ ان کی وسیع المشربی، کشادہ دلی، وسعت نظری ہر طبقہ اور ہر مذہب کے لوگوں میں ان کی غیر معمولی ہر دلعزیزی کا باعث ہوئی۔ ہر شخص انھیں اپنا سمجھتا تھا اور واقعی وہ سب کے ہمدرد اور غمگسار تھے۔ ان میں کمال کی پرکھ، بدرجۂ کمال تھی۔ جس کسی میں کوئی خاص خوبی دیکھتے، اُسے فراخدلی سے سراہتے، اس کی حوصلہ افزائی اور سرپرستی کرتے۔ یہی وجہ ہے کہ بہت سے صاحبانِ فن ان کے دربار، دُربار سے وابستہ ہوگئے۔ مہاراجہ کشن پرشاد کی چشم توجہ نظرِ کرم نے کئی اہل فن کو نئی زندگی عطا کی۔ مہاراجہ بہادر کی دادودہش سخاوت کرم گستری اور دریادلی کے سلسلے میں کئی واقعات مشہور ہیں۔ لطفِ خاص کے ساتھ اُن کا فیضِ عام بھی جاری رہا کرتا تھا۔ دیوڑھی سے باہر نکلتے تو موٹر میں مختلف سکوں کی تھیلیاں اپنے ساتھ رکھتے اور سڑک کی طرف ہاتھ بڑھا کر پھینکتے چلے جاتے تھے۔ ایسا ہی ایک منظر میں نے بچشم خود دیکھا تھا۔ دہلی دروازہ سے افضل گنج کے نئے پل کی طرف آتے۔ وے مہاراجہ کی موٹر پر میری نگاہ پڑی۔ اور چشم زدن میں سڑک پر سکوں کے گرنے کی آواز آئی اور اس کے ساتھ ہی کئی غریب دوڑ پڑے یہ سال تعلیمی ۳۹-۱۹۳۸ء کا واقعہ ہے۔ اُس وقت مَیں گورنمنٹ سٹی اسکول (گورنمنٹ سٹی کالج حیدرآباد) کی آٹھویں جماعت کا طالب علم تھا۔

مہاراجہ بہادر کی مشہور ومقبول مثنوی "پریم درپن" کے مقدمہ میں نیاز فتحپوری نے لکھا تھا "شاید کم لوگ واقف ہوں گے کہ شادؔ صرف مہاراجہ نہیں حکومت آصفیہ کے صرف صدرِ اعظم نہیں بلکہ ان تمام حیثیات سے زیادہ ایک اور عظیم حیثیت انسان کامل ہونے کی بھی رکھتے ہیں اور ان کا دل ان جذباتِ بلند ان مقاصدِ اعلیٰ اور ان احساساتِ رفیع سے مالا مال ہے جن سے آج خانقاہوں مسجدوں اور کلیساؤں کے گوشے بھی خالی نظر آتے ہیں۔"

"پریم درپن" ایک آئینہ محبت ہے۔ وہ ایک نغمۂ محبت ہے فضائے آسمانی سے اُترنے والا، ایک دعوتِ نجات ہے اعماقِ روح سے نکلنے والی۔"

اس مثنوی میں مہاراجہ بہادر نے اسلاف کی وسیع النظری، بے تعصبی اور اتحاد و اتفاق کا تذکرہ کرتے ہوئے ہندو مسلم اتحاد کی ضرورت اور اہمیت پر زور دیا ہے۔ اِس مثنوی کے دو شعر پیش ہیں ؎

میں ہوں ہندو، میں ہوں مسلماں ہر مذہب ہے میرا ایماں
شاؔد کا مذہب شاد ہی جانے آزادی، آزاد ہی جانے

قصائد اور مثنویوں کے علاوہ مہاراجہ شاؔد نے چھ مرثیے بھی کہے ہیں جن میں سے دو ماتم حسینؑ اور نوحہ شاؔد مذہبی مرثیے ہیں۔ اور واقعاتِ کربلا سے متعلق ہیں۔ ان مرثیوں کے ذریعہ شاؔد نے حضرت امام حسین علیہ السلام کے حضور میں نذرانۂ عقیدت پیش کیا ہے۔

مہاراجہ نے ہندی زبان میں بھی شاعری کی تھی۔ ان کے ہندی کلام کے دو مجموعے شایع ہو چکے ہیں۔

مہاراجہ ایک اچھے نثر نگار بھی تھے۔ وہ ایک کامیاب ناول نگار ہیں۔ جہاں تک ناولوں کے موضوعات اور اسلوب کا تعلق ہے وہ کہیں عبدالحلیم شرؔر سے متاثر ہیں، کہیں ڈپٹی نذیر احمد سے اور کہیں پنڈت رتن ناتھ سرشاؔر سے۔ "مطلع خورشید" مہاراجہ کا پہلا ناول ہے۔ دوسرے دو مشہور ناول چنچل نار اور بزم خیال ہیں۔ انھوں نے پنڈت رتن ناتھ سرشاؔر کے ناولوں کا اتنا گہرا مطالعہ کیا تھا کہ چنچل نار میں سرشار کی زبان اور اسلوب کا رنگ بہت نمایاں ہوگیا ہے۔ مہاراجہ کشن پرشاد نے (۱۴) سفر نامے بھی لکھے ہیں۔ ان میں مہاراجہ نے اپنے سفر کے واقعات، تجربات اور مشاہدات کو نہایت تفصیل سے بیان کیا ہے۔ سفر کے دوران، مختلف مقامات

پر جن لوگوں سے ملنے کا موقع ملا۔ اُن کی سیرت اور شخصیت کا بھی وہ جائزہ لیتے ہیں سفر کے دلچسپ اور خوبصورت مقامات، شعر گوئی کے محرک ہوتے تھے۔ مہاراجہ ملک کی ممتاز شخصیتوں اور اُردو کے مشہور ادیبوں اور شاعروں سے مکتوب نگاری کے ذریعہ ربط اور تعلق رکھتے تھے۔

کئی اہم علمی اور ادبی شخصیتوں نے مہاراجہ کو خطوط لکھے یا خود مہاراجہ نے قدر دانی کے طور پر یا ادبی اور علمی مسائل پر مشورے کے سلسلے میں انھیں خطوط لکھے۔ ان خطوط میں علمی اور ادبی بحثوں کے علاوہ شعر گوئی اور شعر فہمی کے اہم نکات پر روشنی پڑتی ہے۔

مہاراجہ نے جو خطوط مشاہیر کی خدمت میں ارسال کئے ان میں سے بعض خطوط ان کی خواہش پر اُن کے پرائیویٹ سکریٹری صادق حسین غبار نے لکھے تھے۔ غبار کے لکھے ہوئے خطوط میں مہاراجہ اپنے قلم سے ترمیم و اضافہ کیا کرتے تھے۔ لیکن خطوط مہاراجہ نے خود اپنے ہاتھ سے لکھے ہیں۔ ان خطوط میں زبان کی سادگی اور روانی ہے۔ طرز نگارش سے مکتوب الیہ سے مہاراجہ بہادر کی بے تکلفی کا بھی اظہار ہوتا ہے۔ مہاراجہ کے خطوط کے پانچ مجموعے ۱۔ رقعات شاد ۲۔ جمال یار ۳۔ شاد۔اقبال ۴۔ اکبر الہ آبادی اور مہاراجہ کشن پرشاد کی خط و کتابت اور ۵۔ مکاتیب یمین السلطنت شایع ہوچکے ہیں۔

"شاد اقبال" میں مہاراجہ کشن پرشاد کے ۵۲ خطوط علامہ اقبال کے نام اور مہاراجہ کے نام اقبال کے ۴۹ خطوط شامل ہیں۔ یہ خطوط ۱۹۱۶ء سے ۱۹۲۷ء کے دوران لکھے گئے تھے۔ ادارۂ ادبیاتِ اُردو حیدرآباد کے بانی ڈاکٹر زور نے انھیں مرتب کر کے ادارۂ ادبیاتِ اُردو سے شائع کیا تھا۔ اکبر الہ آبادی اور مہاراجہ کشن پرشاد کی خط و کتابت کو خواجہ حسن نظامی دہلوی نے شایع کیا۔ مہاراجہ کے ایک خط سے

معلوم ہوتا ہے کہ مہاراجہ اپنی ادبی تخلیقات کے بارے میں اقبالؔ کی رائے معلوم کرنے کے خواہشمند رہتے تھے۔ وہ اس سلسلے میں اقبالؔ کی رائے کو مستند سمجھتے تھے۔ "آپ کی رائے مستند ہوگی" "ترمیم و تنسیخ کی آپ کو اجازت ہے" جیسے جملوں سے اُن کی طبیعت کے انکسار کا بھی اندازہ ہوتا ہے۔ اقبالؔ نے بھی مہاراجہ بہادر کے اعلیٰ مقام اور مرتبہ کا پاس و لحاظ رکھا اور اپنے ایک خط میں انھیں "سرکار والاتبار" کے الفاظ سے مخاطب کیا ہے۔

شادؔ نے نظم طباطبائی، جوشؔ ملیح آبادی، عبدالماجد دریابادی، نیاز فتح پوری، نواب عماد الملک عبدالجبار خاں آصفی، کاظم علی باغؔ، آغا شاعر قزلباش، تاجورؔ نجیب آبادی، تلوک چند محرومؔ اور ریاضؔ خیرآبادی وغیرہ کے نام بھی خطوط لکھے تھے۔

مہاراجہ بہادر کی ڈیوڑھی میں منعقدہ مشاعرے بھی ہمیشہ یادگار رہیں گے۔ آج ایسی شائستہ، نکھری ستھری محفلیں دیکھنے کے لیے آنکھیں ترستی ہیں۔ سچ پوچھئے تو یہ محفلیں درسگاہیں بھی تھیں۔ یہ یادگار شعری محفلیں اب ہماری ادبی تاریخ کا ایک حصہ ہیں۔ مہاراجہ شعراء کی سرپرستی فرمایا کرتے تھے۔ اُن کے دربار کے ان مشاعروں میں شعر گوئی اور اعلیٰ ذوق کی تربیت ہوتی تھی۔ دیوان شادؔ میں فارسی اور اردو دونوں زبانوں میں مشاعرے منعقد ہوا کرتے تھے جن میں ممتاز شعراء اپنا کلام سناتے اور داد حاصل کرتے تھے۔ پنڈت برج موہن دتاتریہ کیفیؔ اور علامہ اقبالؔ کی حیدرآباد میں تشریف آوری کے موقع پر بھی مہاراجہ بہادر کی ڈیوڑھی میں شاندار اور یادگار تاریخی مشاعرے منعقد ہوئے تھے۔ علامہ حیرتؔ بدایونی تقریباً چودہ پندرہ سال تک مہاراجہ کی ڈیوڑھی کے عقبی سمت کے ایک مکان میں مقیم رہے۔ انھوں نے مہاراجہ کی ڈیوڑھی میں منعقد ہونے والی تمام محفلوں میں شرکت کی تھی۔ مقامی شعراء بھی مہاراجہ کی نوازش سے مستفید ہوتے رہے۔ داغؔ دہلوی، اخترؔ مینائی اور جلیلؔ مانک پوری کا حیدرآباد

میں عروج، مہاراجہ کی شاعر نوازی کا ثبوت ہے۔

مہاراجہ شاؔد مولانا شبلؔی نعمانی کی فضیلتِ علمی کے دل سے قدرداں تھے۔ مجلۂ عثمانیہ کے 'مہاراجہ نمبر' (۱۹۴۰ء) میں مہاراجہ کا ایک خطبہ شایع کیا گیا ہے۔ اس میں مہاراجہ نے شبلؔی کا ذکر کرتے ہوئے لکھا ہے ـــ "مولوی عزیز مرزا صاحب نے دارالعلوم کی ترقی کے سلسلے میں ایک یونیورسٹی کے قیام کا اسکیم بڑی محنت سے تیار کی تھی اور میں نے عبدالحلیم شررؔ اور مولوی شبلی نعمانی کو (جن سے میں بخوبی واقف ہوں) اس کام کے لیے طلب بھی کیا تھا۔

نواب مہدی نواز جنگ مرحوم کے زیرِ نگرانی ایک کمیٹی کی جانب سے ۱۹۵۰ء میں مہاراجہ کی زندگی، شخصیت اور اُن کی ہمہ جہتی خدمات اور ادبی عظمت پر ایک کتاب بعنوان "مہاراجہ کشن پرشاد" شایع کی گئی تھی۔

اس کے علاوہ نواب مہدی نواز جنگ نے جو مہاراجہ بہادر کے معتمد پیشی اور ان کی اکثر نجی صحبتوں میں شریک رہے تھے، اپنے مضمون "مہاراجہ کی سیرت کے بعض پہلو" میں مہاراجہ کی شخصیت کے مختلف پہلوؤں پر تفصیل سے روشنی ڈالی ہے۔

مہاراجہ کئی سال تک ریاست حیدرآباد کے صدر اعظم رہے۔ مشرقی تمدن کے اس آخری نمونہ مہاراجہ بہادر نے ۱۹۳۹ء میں ۷۷ سال کی عمر میں انتقال کیا۔

■■

(روزنامہ "منصف" حیدرآباد)

اتوار، ۱۷۔ جون ۱۹۸۴ء

مولانا ابو الکلام آزاد اور اُن کی مکتوب نگاری

مولانا ابو الکلام آزاد کی شخصیت بڑی پہلودار تھی۔ انھوں نے ایک صحافی ادیب، انشاء پرداز مُقرر اور سیاسی لیڈر کی حیثیت سے ممتاز مقام حاصل کیا اور بیحد کم عمری میں اردو زبان و ادب اور ملک و قوم کی غیر معمولی اور لائق قدر خدمات انجام دیں۔ ان کی پیدائش مکہ معظمہ میں ہوئی ان کی والدہ ایک عرب خاتون تھیں اس طرح مولانا آزاد کی مادری زبان عربی تھی۔ بچپن میں وہ اپنے والد کے ساتھ ہندوستان آئے۔ کلکتہ میں قیام فرمایا جو اردو کے مشہور علمی اور ادبی مرکزوں یعنی دہلی اور لکھنؤ سے بہت دور تھا، کلکتہ کی صورت میں انہیں ایک ایسے شہر کا ماحول ملا جہاں اردو کی اتنی مانوس فضا نہیں تھی اور لکھنؤ اور دہلی جیسے شہروں میں مل سکتی تھی۔ اس کے باوجود سخت، محنت، وسیع و عمیق مطالعہ والہانہ دلچسپی غیر معمولی حافظہ کا کرشمہ تھا کہ انھوں نے اردو مادری زبان والوں بلکہ اونچے معیار کے ممتاز اہلِ زبان اشخاص اور مستند ادیبوں، شاعروں اور نقادوں سے اردو میں اپنی اعلیٰ قابلیت، سحر بیانی اور انداز گلفشانیٔ گفتار کا لوہا منوالیا۔ ابھی بہت کم عمر ہی تھے کہ ان کے بلند پایہ مضامین ملک کے مشہور اردو ماہناموں میں شائع ہونے لگے۔ اس زمانے میں مولانا آزاد نے "لسان الصدق کی ادارت

کے فرائض بحسن وخوبی انجام دیئے۔ مولانا آزاد کی ملاقات، مولانا الطاف حسین حالی سے ہوئی تو مولانا حالی کو یقین کرنے میں تامل ہو رہا تھا کہ لسان الصدق کا ایڈیٹر آزاد جیسا کم عمر نوجوان ہو سکتا ہے۔ "لسان الصدق" کلکتہ سے شائع ہوتا تھا۔۔۔ مراسلت اور خط وکتابت کے ذریعہ مولانا آزاد نے مولانا شبلی سے راہ و رسم پیدا کی۔ 'مخزن' جیسے مشہور اور معیاری رسالہ میں ان کے مضامین شائع ہونے لگے۔ ۱۹۰۴ء میں جب بمبئی میں مولانا شبلی نعمانی سے ان کی ملاقات ہوئی تو مولانا شبلی نعمانی نے انہیں مولانا آزاد کا بیٹا سمجھا اور کہا کہ آپ کے والد کے فضل وکمال کے کیا کہنے ہیں۔ مولانا شبلی کی زیر ادارت الندوہ کا پہلا شمارہ اگست ۱۹۰۴ء میں شائع ہوا اکتوبر ۱۹۰۵ء سے مارچ ۱۹۰۶ء تک مولانا آزاد الندوہ کے سب ایڈیٹر رہے مولانا آزاد نے "وکیل" امرتسر کے ادارتی فرائض بھی انجام دیئے تھے۔ نواب محسن الملک بھی مولانا آزاد کے قدردانوں میں شامل تھے اور وہ مولانا آزاد کے تبحر علمی اور اعلیٰ ادبی صلاحیتوں کے دل سے معترف تھے۔

مولانا محمد علی نے ایک مرتبہ فرمایا تھا "میں نے لیڈری ابوالکلام کی نثر اور اقبال کی شاعری سے سیکھی حسرت موہانی نے مولانا آزاد کی نثر نگاری میں اعلیٰ صلاحیت کو اپنے اِس شعر کے ذریعہ خراج تحسین ادا کیا تھا ؎

جب سے دیکھی ابوالکلام کی نثر نظم حسرت میں بھی مزہ نہ رہا

مولانا خواجہ حسن نظامی نے جو خود ایک صاحب طرز ادیب اور بلند پایہ انشاء پرداز تھے مولانا آزاد کی نثر کی تعریف کرتے ہوئے لکھا تھا کہ اردو زبان میں اس سے اعلیٰ اور شاندار الفاظ آج تک کوئی جمع نہیں کر سکا۔ سجاد انصاری مولانا ابوالکلام آزاد کی نثر کے سحر سے بے حد متاثر تھے۔

رشید احمد صدیقی نے کہا تھا کہ مولانا آزاد کے ادب لطیف میں ایک جدت اور انوکھا پن ہے۔ کسی ادیب نے ان کی نثر کو شعرِ منثور کا نام دیا تھا۔ مہدی افادی نے برجستہ طور پر کہا تھا کہ "مجھ کو تمام عمر اگر کسی پر رشک آیا ہے تو وہ رانچی والے پر (یعنی مولانا آزاد پر)

۱۳۔ جولائی ۱۹۱۲ء سے مولانا آزاد نے کلکتہ سے "الہلال" کی اشاعت شروع کی۔ چند ہفتوں کے بعد ہی "الہلال" کے مضامین سے ایوان حکومت میں زلزلہ سا آ گیا اور انگریزی حکمرانوں نے انہیں بنگال سے چلے جانے کا حکم دیا۔ مولانا کلکتہ سے رانچی کے لیے روانہ ہوئے اور وہیں قیام پذیر ہوئے۔ 'الہلال' بند ہوا تو مولانا نے "البلاغ" کی اشاعت کا اہتمام و انتظام کیا۔ چند سال کے وقفہ کے بعد دوسری بار "الہلال" شایع ہونے لگا۔ اس سے بہت پہلے یعنی ۱۹۰۱ء میں مولانا نے ایک گلدستہ "نیرنگ عالم" کے نام سے شایع کیا تھا۔ اس کی اشاعت کا سلسلہ ۱۹۰۷ء تک جاری رہا۔ گلدستہ 'نیرنگ عالم" کی اشاعت کے اس سنہ کی تصدیق مولانا آزاد کے اس بیان سے ہوتی ہے کہ اس وقت میری عمر تیرہ سال سے کسی طرح بھی زیادہ نہ تھی۔

"الہلال" اور" البلاغ" کے ذریعہ شاندار ادبی، علمی اور قومی خدمات کے علاوہ مولانا آزادؒ نے مرزا افضل الدین احمد کی خواہش پر "تذکرہ" لکھا۔ آپ کی اہم 'بے حد قیمتی اور یادگارِ تصنیف "ترجمان القرآن" ہے۔

۸۔ اگست ۱۹۴۲ء کو انڈین نیشنل کانگریس نے بمبئی میں منعقدہ اپنے ایک اجلاس میں "ہندوستان چھوڑ دو" قرارداد منظور کی۔ دوسری ہی دن ۹ اگست کو صبح ہونے سے بہت پہلے کانگریس کی مجلسِ عاملہ کے تمام ممتاز عہدہ دار اراکین گرفتار کر لیے گئے۔ مولانا آزاد کو بعض دوسرے مشہور اور ممتاز قائدین کے ساتھ ساتھ قلعہ احمد نگر میں رکھا گیا۔ مولانا ۹۔ اگست ۱۹۴۲ء سے اپریل ۱۹۴۵ء تک قلعہ احمد نگر

اور اپریل ۱۹۴۵ء سے ۱۵۔جون ۱۹۴۵ء تک بانکورہ، جیل میں رہے۔ اسی گرفتاری اور اسیری کے زمانہ میں ان کی بیوی علیل ہوئیں۔ ان کی علالت اور پھر انتقال کے سانحہ کی الم ناک اطلاع سننے کے باوجود مولانا آزاد کی طبع غیور نے انگریز حاکموں سے اپنی رہائی کی درخواست کرنا گوارا نہ کیا۔ وطن سے سچی اور پُر خلوص محبت، ایثار اور قربانی و ارادہ میں ثابت قدمی کی اس سے بڑھ کر کوئی اور مثال کیا ہو سکتی ہے۔

قلعہ احمد نگر کی نظر بندی کے زمانہ میں مولانا آزاد نے اپنے پُرخلوص اور عالم دوست نواب صدر یار جنگ بہادر حبیب الرحمٰن خاں شروانی کے نام جو خطوط لکھتے تھے انہیں محمد اجمل خاں نے مولانا کی اجازت سے "غبارِ خاطر" کے نام سے شایع کیا۔ چونکہ اسیری کے زمانے میں قلعہ احمد نگر سے خطوط مکتوب الیہ کے نام بھیجنے کی اجازت نہیں تھی اس لیے مولانا نے تمام خطوط اپنی رہائی کے بعد محمد اجمل خاں کے سپرد کئے تاکہ وہ انہیں نواب صدر یار جنگ بہادر کی خدمت میں ارسال کریں لیکن محمد اجمل خاں نے ان اہم خطوط کی اشاعت پر اصرار کیا اور اردو زبان و ادب کی خوش قسمتی ہے کہ مولانا آزاد نے اشاعت کی تجویز سے اتفاق کیا۔

اُردو کے کئی ممتاز ادیبوں اور شاعروں نے مکتوب نگاری میں شہرت حاصل کی ہے غالبؔ، سرسید احمد خاں، مولانا حالیؔ، مولانا شبلی نعمانی، اکبر الہ آبادی، مہدی افادی، نیاز فتح پوری، مولانا محمد علی، اقبالؔ، احسن مارہروی، عبدالعزیز، فلک پیما، رشید احمد صدیقی اور مولانا عبدالماجد دریا بادی نے خطوط لکھے ہیں۔ ان سب میں غالبؔ، شبلیؔ، مہدی افادی، نیاز فتح پوری اور مولانا محمد علی کے خطوط زیادہ جاندار اور اُردو ادب کا قابل قدر قیمتی سرمایہ ہیں۔

مولوی عبدالحق کے خیال کے مطابق خطوط سے انسان کی سیرت کا جیسا اندازہ ہوتا ہے وہ کسی دوسرے ذریعہ سے نہیں ہو سکتا۔

پروفیسر آل احمد سرور نے اپنی کتاب "تنقیدی اشارے" میں لکھا ہے کہ اچھا خط وہ کہا جاسکتا ہے جس میں لکھنے والا اپنے مخاطب سے باتیں کرتا ہوا نظر آئے جس میں بے تکلفی، بے ساختگی، خلوص، فطری رنگ، انفرادیت اور ذاتی تاثرات کی جھلک ہو۔ اس کے برخلاف اگر ان میں علمیت کی نمائش، انشاء پردازی کی شان، تکلف کا اظہار، خطابت کا جوش دکھایا جائے تو وہ خط نہیں مضمون ہیں۔ قاضی عبد الغفار نے لیلیٰ کے خطوط میں خطوں کے اسلوب اور فارم سے استفادہ کیا ہے خورشید الاسلام نے اپنی تصنیف "تنقیدیں" میں لکھا ہے "خط حسنِ اتفاق کا نام ہے اچھے خط ادبی کارنامے ہوتے ہیں۔ خط چھوٹی چھوٹی باتوں سے بُنے جاتے ہیں۔ چھوٹی چھوٹی باتوں ہی میں دنیا کا لطف ہے۔ زندہ رہنے اور خط لکھنے کے لیے زندگی کا احترام ضروری ہے۔

اطہر پرویز نے اپنی تصنیف "ادب کا مطالعہ" میں غبارِ خاطر کے خطوط پر اظہارِ خیال کرتے ہوئے لکھا ہے کہ مولانا ابوالکلام آزاد نے چڑیا کی شکل و صورت کا نقشہ اتنی خوبصورتی کے ساتھ کھینچا ہے کہ نظروں کے سامنے نہ صرف منظر بلکہ اس کی ساری کیفیت پھر جاتی ہے۔ گوپی ناتھ امن نے "مولانا آزاد، غبارِ خاطر کے آئینے میں" کے زیرِ عنوان اپنے ایک مضمون میں مولانا آزاد اور مرزا غالب کی مکتوب نگاری کی خصوصیات کا مقابلہ اور موازنہ کرتے ہوئے لکھا ہے کہ مولانا کی زندگی غالب سے کہیں زیادہ ہمہ گیر تھی۔ اس لیے ان کے خطوط میں جو نکات اور مسائل پائے جاتے ہیں وہ غالب کے ہاں نہیں۔

گوپی ناتھ امن کے خیال کے مطابق "غبارِ خاطر" کے خطوط میں مولانا کی انفرادیت نظر آتی ہے وہ آزاد جو دل دردمند رکھتا ہے اور روتا نہیں، لذتِ غم کے مزے لیتا ہے اور چہرے پر شکن نہیں آنے دیتا۔

مرزا غالب کی طرح ہر کام میں شارع عام سے بچ کر اپنے لیے ایک نئی راہ نکالنے کی خواہش بلکہ تڑپ مولانا کی انفرادیت کی حفاظت کرتی اور اسے باقی رکھتی ہے۔

اقبال نے کہا تھا ؎

تراشش از تیشۂ خود جادۂ خویش
براہِ دیگراں رفتن، عذاب است

اپنی سحر خیزی کی عادت کا تذکرہ کرتے ہوئے غبار خاطر کے ایک خط میں مولانا آزاد نے لکھا ہے کہ "زندگی کی بہت سی باتوں کی طرح اس معاملہ میں بھی ساری دنیا سے اُلٹی ہی چال میرے حصے میں آئی۔ دنیا کے لیے سونے کا جو وقت سب سے بہتر ہوا وہی میرے لیے بیداری کی اصل پونجی ہوئی وہ (یعنی دنیا) جب جاگتی ہے تو میں سو رہتا ہوں۔ جب سو جاتی ہے تو میں اٹھ بیٹھتا ہوں۔ ایک بڑا فائدہ اس عادت سے یہ ہوا کہ میری تنہائی میں اب کوئی خلل نہیں ڈال سکتا۔"

مولانا کے ایک اور خط کے اس اقتباس سے اُن کی انفرادیت کا اندازہ ہوگا۔

"لوگ بازار میں دکان لگاتے ہیں تو ایسی جگہ ڈھونڈ کر لگاتے ہیں جہاں خریداروں کی بھیڑ لگتی ہو۔ میں نے جس دن اپنی دکان لگائی تو ایسی جگہ ڈھونڈ کر لگائی جہاں کم سے کم گاہکوں کا گزر ہو سکے۔"

مولانا آزاد کی غیر معمولی صلاحیتوں، ان کی بے مثال شخصیت کی تعمیر و تشکیل میں، ان کی دیوانہ وار جد و جہد بچپن ہی سے اعلیٰ مقاصد زندگی کے حصول کی زبردست خواہش اور اپنی انفرادیت اور عظمت کو منوانے کا جذبہ کارفرما رہا ہے۔ انھوں نے اپنے خطوط میں جگہ جگہ فارسی، عربی اور اُردو کے اشعار قلمبند کئے ہیں جن سے ان کے دل میں ترقی کرتے آگے بڑھنے کی مچلتی ہوئی زبردست خواہش اور زندگی کی نعمت کی قدر کرنے کے جذبے کا اظہار ہوتا ہے۔ خوش رہنے اور سب کو خوش

رکھنے کے لیے انسان کو باہمہ اور بے ہمہ اور شمع محفل کی طرح سب سے جدا سب کا رفیق ہونا پڑتا ہے، "ترک ہمہ گیر و آشنائے ہمہ باش" پر عمل کرنا پڑتا ہے۔ زندگی میں کامیابی و کامرانی کے حصول کے لیے مسلسل جدوجہد اور سخت محنت کی ضرورت ہے ۔۔۔ جیسا کہ اقبال نے موج کی زبان سے کہا تھا کہ ۔۔۔

ہستم اگر می روم، گر نہ روم نیستم۔

اور اس طرح مطبوعہ صورت میں خطوط کا یہ مجموعہ "غبار خاطر" ان کے مکتوب الیہ نواب صدر یار جنگ بہادر کی خدمت میں بھیجا گیا۔ مولانا آزاد کے خطوط اور مضامین کے دوسرے مجموعے "کاروانِ خیال"، "نقشِ آزاد" (مرتبہ غلام رسول مہر) اور "تبرکاتِ آزاد" ہیں۔

"غبار خاطر" مولانا آزاد کی سب سے آخری تصنیف ہے جو ان کی زندگی میں شایع ہوئی۔ خطوط کا یہ مجموعہ پہلی مرتبہ مئی ۱۹۴۶ء میں شایع ہوا تھا جس میں محمد اجمل خاں کا لکھا ہوا مقدمہ شامل ہے۔ ۱۹۴۶ء میں ہی ماہ اگست میں دوسری بار اس کی اشاعت عمل میں آئی۔ تیسری مرتبہ فروری ۱۹۴۷ء میں، ان کے ایک قدر دان اور مدّاح نے لاہور سے اُسے شایع کیا۔

۲۲۔ فروری ۱۹۵۸ء کو مولانا ابوالکلام آزاد کا انتقال ہوا۔ دِلّی کی مرکزی ساہتیہ اکیڈمی نے مولانا کی تمام نگارشات کو شایع کرنے کا انتظام کیا۔ "غبارِ خاطر" کی اشاعت کی ذمہ داری مشہور ادیب محقق اور ماہر غالبیات جناب مالک رام کے سپرد کی گئی ۔۔۔ 'غبار خاطر' کی یہ اشاعت ۱۹۶۰ء میں عمل میں آئی۔ مالک رام نے بڑی محنت اور دیدہ ریزی سے اس کام کو حسن وخوبی کے ساتھ پایۂ تکمیل کو پہنچایا۔ 'غبار خاطر' کے خطوط میں مولانا آزاد نے مختلف شعراء کے اشعار، خطوط کی عبارت کی موزونیت کا لحاظ کرتے، استعمال کئے ہیں۔ کہیں کہیں صرف مصرعے استعمال کئے گئے ہیں۔

بعض اشعار یا مصرعوں کے الفاظ میں حسب ضرورت تھوڑا سا ردّ و بدل بھی کیا ہے مالک رام نے ایسے تمام اُمور کی چھان بین کے علاوہ حوالہ کے طور پہ دی ہوئی مختلف کتابوں کے بارے میں ضروری معلومات فراہم کئے ہیں ان سب حوالوں کی تلاش اور تحقیق بے حد دقت طلب اور صبر آزما کام تھا لیکن مالک رام نے اس کوشش کے سلسلے میں کوئی دقیقہ اٹھا نہ رکھا۔

خطوط کے اس مجموعہ کا نام "غبار خاطر"، میر عظمت اللہ بے خبر بلگرامی کے رسالہ "غبارِ خاطر" سے لیا گیا ہے۔ اس کا اظہار مولانا نے خود کتاب کے دیباچہ میں کیا ہے۔ مولانا نے یہ بھی کہا ہے کہ یہ تمام مکاتیب رنج کے خطوط تھے اور اس خیال سے نہیں لکھے گئے تھے کہ شایع کئے جائیں۔ فضل الدین احمد نے مولانا آزاد کی سوانح "تذکرہ" کے مقدمہ میں عبدالرزاق ملیح آبادی نے "آزاد کی کہانی" میں محمد اجمل خاں نے 'غبار خاطر' کے مقدمہ میں پروفیسر ہمایوں کبیر نے "ہماری آزادی" کے دیباچہ میں لکھا ہے کہ مولانا آزاد سے ان کی ان تحریروں کی اشاعت کے لیے اصرار کے ساتھ درخواست کی گئی تھی۔ قدر دانوں کے بے حد اصرار پہ مولانا آزاد ان کی اشاعت کے لیے آمادہ ہوئے تھے۔

لیکن "غبار خاطر" میں غلام رسول مہر کے نام اپنے ایک خط میں مولانا آزاد نے ان سے یہ خواہش کی ہے کہ وہ یہ خط سنبھال کر رکھیں۔ اس تاکید یا ہدایت سے یہ ظاہر ہوتا ہے کہ ان کے ذہن میں آئندہ کسی موقع پر ان خطوط کی اشاعت کا خیال تھا۔ چنانچہ ان کے الفاظ یہ ہیں۔ "مجھے معلوم نہیں، آپ میرے خطوط رکھتے ہیں یا یہ ضائع ہو جاتے ہیں۔ بہرحال یہ خط سنبھال کر رکھ دیجئے۔ میری زندگی کا بڑا حصّہ گزر چکا ہے۔ جو باقی ہے وہ بہت کم ہے ممکن ہے کہ میں اس وقت تک نہ رہوں لیکن یہ سطور باقی رہ سکتی ہیں۔"

مولانا آزاد کے ان خطوط کے بارے میں ادیبوں اور نقادوں میں اِس بات کے بارے میں اختلاف رائے ہے کہ آیا غبار خاطر کا یہ مجموعہ خطوط کی تعریف میں آتا ہے۔ اکثر نقّاد غبار خاطر کو خطوط کے بجائے مختلف مضامین کا مجموعہ یا انشائیے کا نام دیتے ہیں، انہیں نجی خطوط ماننے میں اس لیے تامّل ہوتا ہے کہ خطوط میں نہایت تفصیل سے فلسفیانہ علمی، ادبی، تاریخی، نفسیاتی اور اخلاقی امور پر خطیبانہ انداز اختیار کیا گیا ہے عبارت میں کسی قسم کی تبدیلی کے بغیر مکتوب الیہ حبیب الرحمٰن خاں شروانی کے نام کے بجائے یہ خطوط آسانی سے کسی اور نام سے بھی منسوب کئے جاسکتے ہیں۔ یہ الفاظ دیگر اِن خطوط کے مخاطب صرف حبیب الرحمٰن خاں شروانی ہی نہیں ہیں بلکہ ہر قاری ان کا مخاطب ہو سکتا ہے لیکن قاضی عبدالغفار نے "آثار ابوالکلام" میں نقادوں کی اس سے اختلاف کیا ہے۔

" غبارِ خاطر" میں علم و حکمت کی باتیں ہیں۔ بعض موضوعات پر بیش قیمت معلومات مہیا کی گئی ہیں۔ خطوط لکھنے کا انداز عالمانہ ہے۔ بعض خطوط اچھے انشائیوں کا مثالی نمونہ ہیں۔ ان خطوط پر مولانا آزاد کی شخصیت کی مُہر ہے۔ یہ خطوط خود کلامی کی اچھی مثال ہیں لیکن یہ خود کلامی بہت محتاط قسم کی ہے۔ خطوط میں جگہ جگہ مولانا آزاد کی زندگی کی جھلکیاں بھی دکھائی دیتی ہیں۔ ڈاکٹر ملک زادہ منظور احمد کے خیال کے مطابق یہ خطوط اپنی خصوصیات کا لحاظ کرتے اُردو انشائیہ کی بہ نسبت انگریزی انشائیوں سے زیادہ قریب ہیں۔ "غبار خاطر" کے ان خطوط سے مولانا کی نغمہ و موسیقی سے گہری دلچسپی کا حال معلوم ہوتا ہے۔ فطری مناظر سے عشق صبح خیزی کی عادت چائے نوشی کے شوق بے حد کا تذکرہ بھی ان خطوط میں موجود ہے۔

" ادب اور تنقید" کے مصنّف پروفیسر اسلوب احمد انصاری کے خیال کے مطابق مولانا آزاد کے خطوط میں مکتوب الیہ کی موجودگی کہیں محسوس نہیں ہوتی۔ لہٰذا اوّل تا آخر

مکتوب نگار کی "انا" ان پر غالب رہی ہے۔ بعض جگہ حُسن کے احساس اور فطری مناظر سے لگاؤ کا بھی پتہ چلتا ہے۔ پھولوں کی دلکشی کے بیان میں شاعرانہ انداز کافی دلچسپ ہے۔

۹۔ جنوری ۱۹۴۳ء کے خط میں مولانا آزاد نے انانیتی اَدب کی اصطلاح اور اس کے امکانات پر بحث کی ہے۔ ڈاکٹر گیان چند جین نے اپنی کتاب "تجزیے" میں اس خط کا ذکر کرتے ہوئے لکھا ہے کہ کاش وہ (مولانا آزاد) لکھ دیتے کہ ان کے یہ مکاتیب انانیتی ادب کا بہترین نمونہ ہیں۔ مولانا آزاد کی تحریروں میں کلاسیکیت اور رومانیت کا انوکھا امتزاج ہے نیاز فتح پوری، مولانا آزاد کے لب ولہجہ انداز بیان اور ان کی زبان کے اس قدر والہ و شیدا اور گرویدہ ہیں کہ انھوں نے مولانا آزاد سے مخاطب ہوتے ہوئے لکھا تھا کہ "آپ کا اندازِ بیان واللہ مجھ سے تو وداعِ جان چاہتا ہے اگر آپ کی زبان میں مجھے کوئی گالیاں دے تو میں اس کو ہر وقت چھیڑا کروں کہ کچھ تو لگے گی۔ دیر سوال و جواب میں مولانا آزاد اپنے ایک خط میں اپنی پسندیدہ بغیر دودھ کے پی جانے والی چائے کا مقابلہ ہندوستان میں مروجہ چائے نوشی سے کرتے ہوئے چائے میں دودھ اور شکر کی زیادہ تعداد ملانے کے رواج پر طنز کرتے ہیں۔

صفی اورنگ آبادی کی عشقیہ شاعری

عشق سے انسانی طبیعت زیست کا مزہ پاتی ہے ۔ یہ انسان کے خمیر میں ہے کیفیاتِ حسن سے انسان کا متاثر ہونا بھی فطری تقاضا ہے ۔ اس لیے ہر زبان میں عشقیہ شاعری موجود ہے ۔ چنانچہ اُردو زبان میں بھی ولی سے صفی تک بڑے بڑے غزل گو شعراء پیدا ہوے ، جنھوں نے عاشقانہ جذبات ، دلی واردات اور کیفیات حسن کو تخیل کی بلندی ، خیالات کی پاکیزگی ، زبان کی خوبصورتی اور اندازِ بیان کی دلکشی ، دل نشینی کے ساتھ شعر کے سانچے میں ڈھالا ۔ لیکن جیسا کہ کہا گیا ہے ۔ "ہر گلے را رنگ و بوئے دیگر است" ۔ اردو میں غزل گو شعراء کی کثرت کے باوجود شعر کہنے کا فطری رجحان اور پاکیزہ ذوق رکھنے والے شعراء نے احساس، ادراک اور وجدان کے سہارے اپنی وحدت و انفرادیت کو قائم و برقرار رکھا ۔

یہ صحیح ہے کہ غزل جذبات عشق کے اظہار کا بہترین ذریعہ ہے ۔ اثر پذیر دل رکھنے والے شعراء نے غالب کے اس ظرف تنگنائے غزل میں بقدر شوق وسعت و گنجائش پیدا کرہی لی ۔ انھی میں میر بہبود علی ، صفی اورنگ آبادی بھی شامل ہیں جن کی غزلیں نظیر اکبر آبادی کی نظموں کی طرح خواص سے زیادہ عوام میں مقبول ہوئیں ۔ عوام میں ان کی ہر دلعزیزی ان کے کلام کی سلاست ، سادگی ، روانی ، بے تکلفی ، خیالات کے

سلجھاؤ اور نکھرے ہوئے دل نشیں رنگ تغزل کی وجہ سے ہے۔ درحقیقت یہی خصوصیات غزل کے لیے بمنزلہ حُسنِ ذاتی کے ہیں۔

کسی نے کیا خوب کہا ہے کہ اگر تم وقت کے مظلوم غلام نہ بننا چاہتے ہو تو مست رہو خواہ وہ مستی شراب کی ہو یا شاعری کی یا نیک کرداری کی۔ صفیؔ زمانے کا آزمایا ہوا ستایا ہوا اور عمر بھر قدرت کی طرف سے کھلونے دے کے بہلایا ہوا ایک مظلوم انسان تھا لیکن اس کی آزاد فطرت، خوددار طبیعت اور رِند مزاجی کیسے گوارا کر سکتی تھی کہ وہ زمانہ کا غلام بنے۔ شاید اس نے زمانہ کا مظلوم غلام نہ بننے ہی کی خاطر ہمیشہ مست رہنے کی کوشش کی اور اس کی یہ مستی کبھی شاعری کی مستی ہوتی تھی تو کبھی شراب کی اور پھر جب ایک منزل ایسی بھی آئی کہ افلاس نے نہایت بے رحمی و سنگدلی سے غمِ روزگار کو بھلانے کا یہ آخری سہارا بھی اس سے چھین لیا تو اس نے صرف آنسو پیتے رہنے پر ہی اکتفا کیا۔ چنانچہ کہتے ہیں۔

ہوا ہوں جب سے مفلس اپنے آنسو آپ پیتا ہوں
کروں کیا اے صفیؔ عادت بُری ہوتی ہے پینے کی

نگار ۱۹۴۱ء کے خاص نمبر میں نیازؔ فتح پوری نے سلاستِ بیان کے متعلق کہا تھا کہ "وہ ایک نرم رو چشمہ ہے کہ جو ہلکے ترنم کے ساتھ بہتا چلا جا رہا ہے — صفیؔ کے اشعار پڑھنے کے بعد دل پر اسی ہلکے سے ترنم کا اثر محسوس ہوتا ہے۔ پروفیسر عبدالقادر سروری نے جدید اردو شاعری (ص ۳۱) میں "صفیؔ" کے کلام پر اپنی رائے کا اظہار یوں فرمایا تھا کہ — "داغؔ" کا رنگ گویا۔ ان کے پاس پختہ کر پہنچا ہے بلکہ اس سے بہت لطیف اور نازک تر ہو گیا ہے۔ وہ روز کی بول چال میں ایسے نفیس شعر لکھتے ہیں کہ شاید ہی کسی اور سے یہ طرز نبھ سکے۔ اس کا بیشتر کلام سہل ممتنع ہے۔" — ان کے کلام کی اس صفت (سہل ممتنع) کی چند مثالیں

بھی سُن لیجیۓ ؎

کون سا آفت زدہ رہتا ہے کوچے میں ترے
شب کو اک آواز آتی ہے، الٰہی کیا کروں
اس کو تو دلاسا دے تسلی دے، تشفی دے
عدو کا دل تو دل ہے؟ اور اے بیداد گر میرا
یا میری سُن لیجیۓ یا قتل ہی کر ڈالیے   یا مجھے آرام ہو یا آپ کو آرام ہو
یہ مانا آسماں ستم نظاموں کا ایک ظالم ہے
مگر میں کیا کروں جب ہو عقیدہ آپ پر میرا

نواب مرزا خاں داغ کو خوش قسمتی سے زندگی کی رنگینی اس قدر کثرت سے ملی کہ کبھی کبھی وہ اس سے مست و سرشار ہو کر اپنے آپ کو سنبھال نہ سکے اور بہک گئے چنانچہ ان کی زندگی ہی کی طرح شاعری میں بھی کبھی کبھی ان کے ہاتھ سے متانت و سنجیدگی اور پاکیزگی خیال کا دامن چھوٹ گیا۔ داغ کے برخلاف صفی زمانے کی نا قدری اور اپنی قلندرانہ بے نیازی کی وجہ سے زندگی کے تلخ تجربات اور حوادث کا شکار رہے۔ اسی لیے وہ داغ کی طرح رنگین نوا شاعر نہ بن سکے اور اگر ان کے کلام میں کہیں رنگینیٔ خیال ہے بھی تو وہ ان کے خونِ دل کا اثر ہے۔ چنانچہ انھوں نے کہا ہے ؎

رنگینیٔ خیال میں ہے خون دل صفی   میری خزاں ہے اور غزل کی بہار ہے

صفی کی سخت جانی نے شدتِ غم میں بھی کمالِ خوبی سے غم کو چھپانے، زندہ رہنے اور صبح زندگی کو جوں توں شام زندگی تک پہنچانے میں مدد دی۔ اسی لیے ان کے غم میں بھی آرزو کی جھلک دکھائی دیتی ہے۔ مایوسی، ناکامی، اور غم کی بدولت ان کے کلام میں ان کی زندگی کی تلخی پیدا نہ ہوسکی بلکہ ایسا محسوس ہوتا ہے کہ ناگوار بات کو بھی وہ ضبط کے ساتھ برداشت کر لیتے ہیں۔ ان کا ایک شعر ہے ؎

اب تمہاری دوستی کو دونوں ہاتھوں سے سلام
جو ہوا اچھا ہوا، جو کچھ کیا اچھا کیا

ایک جگہ وہ کہتے ہیں کہ اگر عشق واقعی سچا ہے تو پھر بے خطر اسے آگ کے دریا میں بھی کود پڑنا چاہیئے۔ چنانچہ کہتے ہیں ؎

عاشق ہیں تو چناں چنیں کیا مرنا ہے تو اگر مگر کیا

صفی قدیم طرز کا ایک کامیاب شاعر ہے۔ وہ ایک واقفِ فن اور پختہ مشق شاعر ہے۔ ادا کی ندرت، بندش کی خوبی، واقعات کی دلکشی، تشبیہات، محاورات اور روزمرہ کا برمحل استعمال، ان کی عشقیہ شاعری کی جان ہیں۔ صفی میں داغ کے بہت سے انداز پائے جاتے ہیں لیکن ان کی شاعری، حسن و عشق کی عامیانہ و سوقیانہ انداز بیان سے پاک ہے۔ انھوں نے اپنی غزلوں میں مشکل قافیوں کو نہایت سلاست، روانی برجستگی اور صفائی سے باندھا ہے۔ ان کا کلام سادگی، متانت اور حسنِ بیان کا مجموعہ ہے اور زبان بھی شستہ ہے۔

صفی کے کلام کی جن خصوصیات کا ذکر کیا گیا ہے ان میں سے چند کی مثالیں پیش کی جاتی ہیں، تشبیہہ، استعارہ، روزمرہ اور محاورے کے استعمال کی چند مثالیں سنئے،

آنکھوں آنکھوں میں دل لیا اس نے کانوں کانوں مجھے خبر نہ ہوئی
عشق میں بشاش بہت کم رہے مئے نے ہمیں کیف بہت کم دیا
آپ نے بخشا دِل سوزاں مجھے یا کسی کافر کو جہنم دیا
تم ہم جو مل کے بیٹھیں تو اٹھتی ہیں انگلیاں کیا مل کے بیٹھتے نہیں دنیا میں چار لوگ

اندازِ بیان

انداز بیان، خیال کی فرسودگی یا مضمون کی پامالی کے باوجود شعر کے ظاہری حسن میں نکھار پیدا کرنا بڑا کمال ہے۔ صفی پرانی بات ہی سے نئے اور انوکھے اندازِ بیان

کے ذریعہ اچھوتا پن پیدا کر لیتے ہیں۔ ان کی مضمون آفرینی لائق ستائش ہے۔ چند مثالیں سنئے:

جب اس نے وعدہ کیا میں نے انتظار کیا
زبان پر نہیں صورت پر اعتبار کیا

کسی کی حسرتوں کا خون جب ہوتا ہے اے قاتل
تو سرخی دوڑ جاتی ہے ترے رخسار پر کیا کیا

نہ دیکھے وہ تو اپنا گریہ بے سود
نہ پوچھے وہ تو اپنا دُعا کیا

تیری مژگاں کے تصور نے جگایا رات بھر
ہم تو سنتے تھے کہ کانٹوں پر بھی آجاتی ہے نیند

صفی نے حسن کی سحر طرازی، عشق کی بے تاب تمنا، ولولہ، امنگ، حوصلہ اور محبوب کے تجاہل و تغافلِ پیہم کے باوجود اس سے مایوس نہ ہونے اور تلخی کام و دہن کی آزمائش سے گزر کر زہرِ غم کو رگ و پے میں بخوشی جاری و ساری کر لینے کے والہانہ اور دیوانہ وار اشتیاق کو نہایت ہی دلکش انداز میں بیان کیا ہے۔ شراب وہی پرانی ہے لیکن چونکہ جام نئے ہیں اس لئے جنت نگاہ ہیں اور ان کی کھنک فردوسِ گوش ہے۔

چوٹ کھائے ہوئے دل کو موسم بہار کے آتے ہی مجسم بہار کی یاد تڑپا دیتی ہے من کی نگری میں ہنگامہ برپا ہو جاتا ہے۔ سینے میں ایک خلش، ایک کسک، ایک چبھن ہوتی ہے جسے دل محسوس کر سکتا ہے کہہ سکتا نہیں اور دل کے زخم پھر ہرے ہو جاتے ہیں۔

جب آگئی بہار تری یاد آگئی ہر سالِ نو پہ تازہ یہ زخمِ کہن ہوا

پھر جب یادِ محبوب سے عاشق کی جان پر بن جاتی ہے تو اس کے غم خوار لے

اس کی یہ ابتر حالت دیکھی نہیں جاتی۔ اس لیے وہ محبوب کو اس بیمارِ محبت کی حالت کا مشاہدہ کروانے کا ارادہ کرتے ہیں۔ صفؔی کو کامل یقین ہے کہ اس کا حال سُن کر محبوب کبھی نہیں آئے گا بلکہ وہ تو یہ کہتا ہے کہ میرے یہ غمخوار اس بارگاہِ حسن سے خود زندہ سلامت واپس آجائیں تو یہ بھی مجھ پر اُن کی ایک عنایت ہی ہوگی ؎

کسی طرح مرے غمخوار انھیں تو کیا لاتے
عنایت ان کی جو خود جا کے لَوٹ آتے ہیں

آپ کو شاید یاد ہو غالبؔ کے قاصد نے بھی ایک بار ہٹ دھرمی، خود اعتمادی اور ضبط کا دعویٰ کیا تھا لیکن غالبؔ نے محبوب سے جب اس کا "آمنا سامنا" ہوا تو پھر وہ اپنی سٹی بھول گیا۔ کچھ تو اسے اپنے دعویٰ کے کھوکھلے پن کا احساس ہوا اور کچھ غالبؔ کے سامنے شرمندگی و ندامت کا خیال اور پھر ہوش و حواس کے گم ہوجانے کی وجہ سے بھی اس کا پتہ بھی غالبؔ کو چل نہ سکا۔ چنانچہ غالبؔ نے اس شعر میں اسی حادثے کی طرف اشارہ کیا ہے۔

تجھ سے تو کچھ کلام نہیں لیکن اے ندیم میرا سلام کہیو اگر نامہ بَر ملے

محبوب کے کوچہ میں قدم رکھتے ہوئے صفؔی کا دل کبھی کبھی خوف کھاتا ہے اور وہ اپنی جان کی خیر مناتا ہے۔

صفؔی کی جان بچ جائے تو بس ہے اس کے کوچے میں
وہاں سے زندہ آیا تو سمجھ لو کامیاب آیا

عاشق کے لیے روحانی مسرت کے چند لمحے ہی دراصل لازوال زندگی کا باعث ہوتے ہیں اور یہ روحانی مسرت سچے اور پاکیزہ جذبۂ حسن پرستی سے حاصل ہو سکتی ہے۔ دنیا کی اس فانی زندگی کا صفؔی کو کوئی اعتبار نہیں۔ لیکن اس کا ایقان ہے کہ اگر حُسن عشق کے لیے باعث زندگی ہو جائے تو پھر عشق لافانی اور لازوال ہو سکتا ہے

چنانچہ وہ کہتے ہیں ؎

مجھ کو تو زندگی پہ نہیں کوئی اعتبار   تم وجۂ زندگی ہو تو پھر اعتبار ہے

محبوب کی مہربانی عاشق کے لیے خزاں میں بھی بہار کا سا لطف رکھتی ہے اور اس کی نامہربانی، ناراضگی یا فراق سے بہار کے حسین مناظر بھی اس کے دل کو ویسے ہی خزاں کی طرح پژمردہ و سوگوار رکھتے ہیں اور سیر باغ کے وقت خندۂ گل خندہ ہائے بیجا کا اثر رکھتے ہیں جسے وہ برداشت نہیں کر سکتا۔ گویا دراصل وجہ بہار موسم بہار نہیں بلکہ محبوب کا دلنواز اور زندگی بخش برتاؤ ہے۔ صفی کا شعر سنئے ؎

نامہربان ہے تو خزاں ہے بہار بھی   وہ مہربان ہے تو خزاں بھی بہار ہے

بارگاہِ حسن میں پہنچنے کے بعد عاشق کی تمنا ہوتی ہے کہ اس کا محبوب محض رسمی طور پر ہی اس کی آرزو معلوم نہ کرے بلکہ مہربانی کا برتاؤ بھی کرے۔ محض دریافتِ حال سے عاشق کے دل کو تسکین نہیں ہوتی بلکہ اس کے غم کی شدت میں اور اضافہ ہو جاتا ہے اور پھر عاشق جب اپنی آرزو کا اظہار کرتا ہے تو بصد ہزار اُمنگ و اشتیاق کرتا ہے۔ اسے یہ توقع ہوتی ہے کہ شاید محبوب کی نگاہِ کرم اب کی بار باعث زندگی ہو جائے۔ اسی لیے وہ کہتے ہیں ؎

آرزو رسم ادائی سے نہ پوچھ اے قاتل
آرزو اس کے بل بوتے کہی جاتی ہے

حسرت موہانی نے چشم یار کی معجز بیانیوں کو اس طرح بیان کیا تھا ؎

اللہ رے چشم یار کی معجز بیانیاں
ہر اک کو ہے گماں کہ مخاطب ہمیں رہے

صفی کے محبوب کی ذرا سی مسکراہٹ اہلِ محفل کو غلط فہمی یا زیادہ صحیح الفاظ میں خوش فہمی میں مبتلا کر دیتی ہے اور ہر شخص اپنے تصور کی دنیا میں

امیدوں کا محل کھڑا کر لیتا ہے۔

سب کو کیا کیا بندھی ہیں امیدیں   وہ ذرا بھی جو مسکرایا ہے

محبوب کی گفتار سے لذّت حاصل کرنے کے لیے صفی عمداً جان بوجھ کر بہرے بنتے ہیں تاکہ اس کی روح پرور آواز سے کیف و سرور حاصل کریں اور ان کی یہ ترکیب کامیاب بھی ہو جاتی ہے۔

سو سو طرح جتاتے ہیں وہ ایک ایک بات
بہرہ بنا ہوں لذّت گفتار کے لیے

غالب نے بھی اسی لذّت گفتار کے پانے کے لیے بالکل یہی طریقہ اختیار کرنا چاہا چنانچہ وہ کہتے ہیں۔

بہرا ہوں میں تو چاہیے دونا ہو التفات
سنتا نہیں ہوں بات مکرر کہے بغیر

'عاشق کا لاابالی پن' حسن سے والہانہ وابستگی کا ارمان یا اس کا جذبۂ سپردگی' اسے راہِ عشق میں مسلسل ناکامیوں کے باوجود ہوش سنبھالنے کا موقع ہی نہیں دیتا اور وہ اس بات پر کبھی غور ہی نہیں کرتا کہ اگر محبوب سے نباہ نہ ہو سکے تو پھر عشق کا انجام کیا ہوگا۔ صفی کہتے ہیں۔

انجام عاشقی میں کبھی سوچتا نہیں   جاتا نہیں خیال کسی کا نباہ پر

محبوب کے غصّے کی کیفیت کو صفی اس طرح بیان کرتے ہیں۔

جب وہ گرم عتاب ہوتا ہے   چہرہ اور آفتاب ہوتا ہے

ایک اور جگہ اس سے زیادہ بہتر اور رنگین انداز میں اس کیفیت کی تصویر کھینچی ہے۔

لال انگارہ بنا جاتا ہے غصّے سے وہ مُنہ
شفقی رنگ میں اماً آگ لگی جاتی ہے

لیکن صفی محبوب کے غصے یا عتاب سے خفا نہیں ہوتا، مایوس نہیں ہوتا بلکہ وہ اپنے دل کو اس طرح بہلاتا ہے ؎

اہلِ جمال ہم سے مکدر بھی ہیں تو کیا ۔۔۔ رہتی نہیں ہمیشہ گھٹا مہر و ماہ پر

حسرت موہانی سے ایک بار ایسی غلطی ہوگئی تھی کہ محبوب کے روٹھ جانے پر وہ بھی اس سے خفا ہوگئے تھے لیکن پھر جلد ہی انھیں اپنی غلطی کا احساس بھی ہوگیا۔ ان کا شعر ہے ؎ وہ جو بگڑے تو خفا تم بھی ہوئے کیوں حسرت

پائے نخوت پہ سرِ شوق جھکا دینا تھا

صفی تو سعیِ لاحاصل میں بھی عمر کا حاصل پانا چاہتے ہیں۔ اسی لیے بے وفاؤں سے وفا کرنے کا خیال ان کے ذہن سے کبھی محو نہیں ہوتا ؎

بے وفاؤں سے ہے اب تک بھی وفاؤں کا خیال

عمر کا حاصل ہماری سعیِ لاحاصل ہیں ہے

عاشق اپنے محبوب کی آمد کا منتظر رہتا ہے تاکہ وہ آئے تو اس کی بیداد پسندی کی شکایت کرے اور غفلت شعاری سے باز آنے کی درخواست کرے لیکن جلوۂ حسن اور بے تاب تمناؤں کے ہجوم سے بے اختیارانہ طور پر محوِ حیرت ہو جاتا ہے۔ اسی حیرت اور رعبِ حسن سے زبان پر مہرِ خاموشی لگ جاتی ہے۔ اس خیال کا اظہار میر نے خوب کیا۔

؎ کہتے تھے کہ یوں کہتے یوں کہتے جو وہ آتا

سب کہنے کی باتیں ہیں کچھ بھی نہ کہا جاتا

وفورِ اشکِ پیہم اور ہجومِ شوقِ بے حد سے تو حسرت موہانی کی آنکھوں سے آبشارِ آرزو جاری ہو جاتا ہے ؎

وفورِ اشکِ پیہم سے، ہجومِ شوقِ بے حد میں

مری آنکھوں سے ہے اک آبشارِ آرزو جاری

صفی کا شعر بھی سنئے ؎

ہم ان کے سامنے مجبور ہو کے رو دیں گے
اگر زبان سے ایک حرف بھی ادا نہ ہوا

پھر کبھی محبوب اگر وفادار رہنے کا عہد کرتا ہے اور اپنے اس عہد کا یقین دلانے کے لیے قسم کھانا چاہتا ہے تو دیکھئے صفی کہتے ہیں کہ ؎

عہد وفا پہ آپ قسم تو نہ کھائیے   آجائے گی ہنسی مجھے اس بات پر کہیں

کبھی کبھی مسلسل ناکامیوں کی وجہ سے مایوس ہو کر صفی ترک عشق کا عہد کرتے ہیں لیکن یہ ان کے بس کی بات نہیں کیوں کہ عشق کیا نہیں جاتا بلکہ ہو جاتا ہے۔ انھیں کی زبان سے سنئے ؎

سو بار ترک عشق پہ وعدہ خلاف ہوں   گویا مری زبان تمھاری زبان ہے اب

غرض صفی کی عشقیہ شاعری اس کی سلاست زبان اور قدرت بیان کا اعجاز معلوم ہوتی ہے۔ وہ داغ کے سلسلے کی آخری کڑی تھے۔ موجودہ دور، نئے خیالات، نئے نغمے، نئی خواہشیں، نئی پکار اور نئے مطالبے کر رہا ہے لیکن یہ بھی ایک حقیقت ہے کہ جب تک انسان کے سینے میں دل زندہ ہے اور اس دل میں آرزو، تمنا اور گرمیٔ حیات باقی ہے۔ شاعری میں حسن و عشق کے مضامین برابر باندھے جائیں گے، غزل باقی رہے گی اور اس طرح اردو دنیا صفی اورنگ آبادی کو کبھی فراموش نہ کر سکے گی۔ ■■

("یادگار صفی" مرتبہ خواجہ حمید الدین شاہد ایم۔اے)
مطبوعہ ۱۹۵۶ء

ڈاکٹر زورؔ، چند یادیں، چند تاثرات

جب میں سٹی کالج حیدرآباد میں ایف۔ اے (انٹرمیڈیٹ) کا طالب علم تھا۔ تو ڈاکٹر زورؔ کا نام سُنا کرتا تھا۔ لیکن انھیں قریب سے دیکھنے کا اتفاق، پہلے پہل، آرٹس کالج عثمانیہ یونیورسٹی میں بی۔ اے میں داخلہ لینے کے بعد ہوا۔ ۴۵۔۱۹۴۴ء سے ۱۹۴۷ء تک بی۔ اے اور ایم۔ اے کی طالب علمی کے زمانے میں مجھے ڈاکٹر زورؔ کے شاگرد رہنے کا شرف حاصل ہوا ہے۔ آرٹس کالج میں طالب علمی کے یہ چار برس بڑے قیمتی اور بے حد یادگار رہے ہیں۔ یہیں، ان چار برسوں میں یہ محسوس ہوتا رہا کہ ڈاکٹر زورؔ کسی خاموش، چپ چاپ، سوچ میں گم، چلتے پھرتے آدمی کے علاوہ، احساس فرض، وقت کی پابندی، درس و تدریس سے گہری دلچسپی، طالب علموں سے بے پناہ خلوص اور ہمدردانہ برتاؤ جیسی خصوصیات کے حامل انسان کا نام ہے۔ ڈاکٹر زور میں ایک اچھے، کامیاب اور ہر دلعزیز استاد کی خصوصیات موجود تھیں۔ کلاس میں داخل ہونے اور اپنی کرسی پر تشریف فرما ہونے کے بعد، وہ عموماً تھوڑی دیر تک خاموش آنکھیں بند کئے گہری سوچ میں ڈوبے ہوئے بیٹھے رہتے۔ انھیں بے خودی کے اس عالم میں دیکھ کر راہ و رسم منزل سے ناواقف اور صرف ظاہری حالت پر نظر رکھنے والے، بعض طالب علم بے اختیار ہنس دیا کرتے تھے ڈاکٹر زور عموماً ایسا سطحی شوق رکھنے والے نام نہاد

طالب علموں سے بے نیاز اور بے پروا رہتے تھے۔ درس و تدریس کا سلسلہ شروع ہوتا تو عموماً پیریڈ کے ختم ہونے تک مسلسل چلتا رہتا اور کلاس میں ڈاکٹر زورؔ کی گرجدار لیکن دل نشین آواز گونجتی رہتی۔ ہم طلباء ان کا لکچر پوری توجہ سے سُنا کرتے تھے۔ کاش آج کل کے لکچراروں میں بھی اپنے مضمون اور اس کی ٹھیک ڈھنگ سے تدریس اور توسیع مطالعہ کا وہ شوقِ فراواں ہوتا جو ڈاکٹر زورؔ اور اُن کے دور کے اساتذہ کی ممتاز خصوصیت تھی۔

کبھی کبھی ڈاکٹر زورؔ ماہنامہ "سب رس" کے تازہ شمارے، اپنے ساتھ آرٹس کالج لایا کرتے۔ "سب رس" کا تازہ شمارہ ہم طالب علموں کے ہاتھوں میں تھماتے ہوئے، وہ ہمیں مضمون نگاری اور خصوصاً "سب رس" کے لئے مضمون لکھنے کی طرف توجہ دلاتے۔

ڈاکٹر زورؔ ہمیشہ طالب علموں میں ادب کا نکھرا ستھرا اور صحیح ذوق لکھنے پڑھنے کا سچا شوق اور تحصیلِ علم کی غیر معمولی لگن پیدا کرنے کی دُھن میں رہا کرتے تھے۔ وہ خود اِن تمام خوبیوں کا مجسمہ اور طلباء کے لیے مثالی اور عملی نمونہ تھے اُن سے قریب رہنے والے نوجوانوں کے دل پر، اُن کے قول و عمل اور ظاہر و باطن کے ایک ہونے کا بڑا اچھا اثر ہوا کرتا تھا۔ اس طرح خاموش طریقے سے، طلباء کی زندگی کی تعمیر اور مستقبل کو سنوارنے میں وہ ہمیشہ مصروف اور منہمک رہا کرتے تھے۔ اُردو زبان و ادب سے محبت انھیں اپنی طالب علمی کے زمانے سے ہی تھی۔ ہماری زبان کی پُرخلوص خدمت کا جذبہ، ان کے دل میں نوجوانی کے زمانے میں ہی پیدا ہو چکا تھا۔ آگے چل کر اُردو زبان و ادب کی ترویج و اشاعت اور ادب اُردو کے فروغ اور ترقی کے لیے انھوں نے اپنی زندگی وقف کردی۔ والہانہ انداز میں ان کی ناقابلِ فراموش، علمی اور ادبی خدمات، تاریخ ادب اُردو کا روشن باب ہیں۔ نئی نسل اور جامعہ عثمانیہ کی نئی پود کو اس اہم کام کی طرف متوجہ کرنے کی اُنھوں نے مقدور بھر

کوشش کی۔ مجلّہ عثمانیہ بھی انھیں بے حد عزیز تھا۔ وہ اس کے پہلے ایڈیٹر رہے۔ اس مجلّہ کی قلمی اعانت کی طرف بھی وہ طلباء کو توجہ دلایا کرتے تھے۔

وقت، دبے پاؤں لیکن تیزی سے گزرتا رہا۔ بی۔ اے اور ایم۔ اے کی طالب علمی کا ہمارا دور ختم ہوا۔ حسنِ اتفاق اور اپنی پسند شوق اور رجحان کے مطابق، میں سررشتہ تعلیمات سے وابستہ ہوا۔ گوشہ محل ہائی اسکول اور پھر نامپلی ہائی اسکول میں ملازمت کا سلسلہ چلتا رہا۔ اس زمانے میں ڈاکٹر زور سے ملنے کے لیے ود ایک مرتبہ دارالعلوم کالج گیا جہاں وہ پرنسپل کی حیثیت سے کارگزار تھے لیکن ان کی مصروفیات کی وجہ سے کالج میں ملاقات نہ ہوسکی۔

پھر ڈاکٹر زور کو دیکھنے اور اُن سے ملنے کا سلسلہ ۱۹۵۴ء سے دوبارہ شروع ہوا۔ مدرسہ فوقانیہ چوک میں طلباء کی انجمن کی ادبی مصروفیات کے سلسلے میں، اس مدرسہ کے صدر مدرس جناب مرزا سرفراز علی صاحب نے توسیعی تقاریر کے انتظام کا ارادہ فرمایا تو اس سلسلے میں مجھے ڈاکٹر زور کو بھی زحمت دینے کا خیال آیا۔ طلباء کے لیے تقسیم انعامات کے سالانہ جلسہ کی صدارت کے لیے پرنسپل مدرسہ کی اجازت سے میں نے ڈاکٹر زور سے درخواست کی۔ ڈاکٹر صاحب ازراہِ نوازش فوراً آمادہ ہوگئے۔ ڈاکٹر زور نے اپنی صدارتی تقریر میں طلباء اور اساتذہ کو قیمتی اور گراں قدر مشورے دیئے۔ طلباء کے اِس جلسے میں شرکت کے لیے وقت کی پابندی کا خیال اور طلباء اور اساتذہ سے اُن کا مشفقانہ برتاؤ آج بھی ہماری یادوں کا اہم اثاثہ ہیں۔

پھر چند سال کے بعد، سٹی کالج کے شعبۂ اُردو کے طلباء کی اسوسی ایشن کا ایک جلسہ منعقد ہوا۔ میں اس وقت گورنمنٹ سٹی ہائی اسکول، سٹی کالج میں ٹیچر تھا۔ اور اس جلسہ کے سامعین میں شریک تھا۔ مہمانِ خصوصی کی حیثیت سے ڈاکٹر زور مدعو کئے گئے تھے۔ انھوں نے طلباء کو مخاطب کرتے ہوئے کہا تھا اور ان کے یہ الفاظ آج بھی میرے کانوں میں گونج رہے ہیں کہ ”میں بھی سٹی کالج کا طالب علم رہ چکا ہوں۔ میرے والد آپ کے کالج

سے قریب خانقاہ عنایت الٰہی میں (سیدھے ہاتھ سے خانقاہ کی سمت اشارہ کرتے ہوئے) سپرد خاک کیے گئے ہیں میری بھی تمنا ہے کہ اسی خانقاہ عنایت الٰہی میں، میری تدفین ہو۔ میں نے اپنے لیے یہاں قبر بھی تیار کروالی ہے۔" ڈاکٹر زور کی اس تقریر کو میں خاموش سنتا رہا اور اب سوچتا ہوں تو خیال آتا ہے کہ کشمیر کی سرزمین انھیں اپنی طرف کھینچ رہی تھی تو پھر کیسے اُن کی یہ خواہش پوری ہو سکتی تھی۔ سچ کہا تھا، فارسی کے ممتاز شاعر سعدی شیرازی نے ؎

دو چیز آدمی را کشد زور زور   یکے آب و دانہ دوم خاک گور

یہی وجہ ہے کہ حیدرآباد سے بے حد پیار اور حیدرآباد میں اپنی بے پناہ مصروفیات کے باوجود، وہ سری نگر کشمیر گئے لیکن اس جنت نظیر خطہ ملک میں اُن کا جی نہ لگا۔ وہاں، وہ بے چین اور مضطرب رہے اور ہر لمحہ حیدرآباد کی یاد، ان کے دل کو تڑپاتی رہی۔ ادارہ ادبیاتِ اُردو حیدرآباد سے متعلقہ ذمہ داریوں کے احساس کی وجہ سے انھیں کشمیر میں سکون اور اطمینان میسر نہیں ہو سکا۔ اس کے باوجود مشیت ایزدی کے مطابق "خاکِ گور" نے انھیں وہاں سے نکلنے نہ دیا۔ بادلِ ناخواستہ ہی سہی وہ سری نگر میں رہے، یہاں تک کہ پیامِ اجل آ پہنچا اور اُردو دنیا کا یہ انمول رتن، حیدرآباد سے سیکڑوں میل دور ہمیشہ کے لیے کشمیر کی خاک کا پیوند ہو گیا۔

۱۹۵۷-۵۸ء میں گورنمنٹ ہائی اسکول چوک کے طلباء کے مجلّہ "نورس" کا "غزل نمبر" شائع ہو رہا تھا۔ میں نے سوچا دکن میں غزل گوئی کے آغاز اور اردو کے پہلے صاحبِ دیوان شاعر محمد قلی قطب شاہ کے بارے میں ڈاکٹر زور کو مضمون لکھنے کی زحمت دی جانی چاہیے۔ اُن دنوں ڈاکٹر صاحب، چادرگھاٹ کالج کے پرنسپل تھے۔ میں ڈاکٹر صاحب سے ملنے کے لیے چادرگھاٹ کالج گیا۔ اور ادارہ ادبیاتِ اُردو بھی۔ لیکن اپنی مصروفیات کی بناء پر وہ قطعی وعدہ کرنے کے موقف میں نہیں تھے لیکن اِدھر میں بھی اپنے دل میں یہ طے کر چکا تھا کہ اس عنوان پر "نورس" کے "غزل نمبر" میں ڈاکٹر زور کا مضمون شائع ہوگا اور ضرور ہوگا چنانچہ بالآخر ارادے میں کامیابی کی نیک ساعت

آئی۔ مجھے ڈاکٹر صاحب کی زبانی یہ الفاظ سُن کر بے حد خوشی ہوئی کہ "کل شام میں پانچ بجے گھر پر آجاؤ۔" مجھے جیسے امید کی کرن نظر آئی اور میں ٹھیک وقت پر ڈاکٹر زور کے دولت خانہ پر پہونچا، مجھے دیکھتے ہی فرمایا "ہاں! "لفظ "ہاں" کو ذرا کھینچتے ہوئے "آگئے مولانا!" پھر فرمایا "مجھے مضمون لکھنے کی فرصت بالکل نہیں ہے۔ البتہ لکھوائے دیتا ہوں۔" یہ کہتے ہوئے چند سادہ سفید کاغذ میرے سامنے رکھ دیئے۔ وہ کہتے گئے اور میں لکھتا گیا۔ بڑی تیزی اور روانی کے ساتھ وہ بولتے رہے وہ اس قدر تیزی سے بول رہے تھے کہ کبھی کبھی مجھے دوبارہ جملے دہرانے کی درخواست کرنی پڑ رہی تھی۔ اس طرح ڈاکٹر صاحب نے مجھے پورا مضمون، ایک ہی نشست میں لکھوا دیا۔ میں نے مضمون ختم ہونے کے بعد اُسے پڑھ کر سنایا۔ اُس پر اُن کی دستخط حاصل کی۔ دِلی شکریہ ادا کیا اور وہاں سے خوش خوش سیدھے گھر واپس آیا۔

جیسے ہی "نورس" کے اِس غزل نمبر کی طباعت کا کام پایۂ تکمیل کو پہنچا، میں اس کی چند کاپیاں لے کر ڈاکٹر زور کی خدمت میں، ان کے دولت خانہ پر حاضر ہوا۔ مجھے دیکھتے ہی خوش ہو گئے اور بے ساختہ کہا کہ کیا "غزل نمبر" چھپ گیا۔ ڈاکٹر زور کی ہمیشہ یہ خواہش اور کوشش رہا کرتی تھی کہ رسالہ ہو یا کتاب جلد از جلد زیورِ طبع سے آراستہ ہو جائے۔ وہ اکثر کہا کرتے تھے "کل کس نے دیکھا ہے؟ جو کچھ کرنا ہو آج ہی کر ڈالو۔" میں نے "نورس" کے غزل نمبر کی ایک کاپی، ان کی خدمت میں پیش کی۔ بیٹھے بیٹھے ہی اِدھر اُدھر سے "غزل نمبر" کی ورق گردانی شروع کی۔ چونکہ زندہ دلی، خوش طبعی، بذلہ سنجی اور ظرافت اُن کے مزاج میں رچ بس گئی تھی اور اس وقت موڈ بھی اچھا تھا، اس لیے غزل نمبر پر دلچسپ پیرایہ میں تبصرہ کرتے رہے۔ میں بھی اُن کے اس تبصرے سے لطف اندوز ہوتا رہا۔ وہ نوجوانوں کے چھوٹے سے چھوٹے کام کی بھی دل سے قدر کرتے اور ان کی ہمیشہ حوصلہ افزائی فرمایا کرتے تھے

اردو مجلس حیدرآباد کے معتمد کی حیثیت سے کام کرنے کے زمانے میں، ایک مرتبہ حیدرآباد کے ایک مشہور شاعر خاور نوری صاحب، غریب خانہ پر تشریف لائے اور مجھ سے اپنے مجموعہ کلام "شب چراغ" کے لیے پیش لفظ لکھنے کی خواہش کی۔ مجھے فوراً خیال آیا کہ اس کام کے لیے ڈاکٹر زورؔ بہت موزوں ہیں اور انھیں زحمت دینی چاہیے چنانچہ خاور نوری صاحب سے میں نے کہا کہ بہتر ہے کہ آپ پیش لفظ ڈاکٹر زورؔ سے لکھوائیں۔ جب میں نے یہ محسوس کیا کہ انھیں خود تنہا ڈاکٹر زورؔ سے ملنے میں تامل ہو رہا ہے تو میں نے کہا کہ چلئے میں ساتھ چلتا ہوں۔ ڈاکٹر صاحب سے درخواست کریں گے چنانچہ ایک روز ہم دونوں ڈاکٹر زورؔ کے دولت خانہ پر پہونچے۔ گفتگو کا سلسلہ میں نے شروع کیا۔ آنے کی غرض و غایت بیان کی۔ ڈاکٹر زورؔ نے ازراہِ مہربانی پیش لفظ لکھنے پر آمادگی کا اظہار کیا۔ لیکن یہ بھی فرمایا کہ مجموعۂ کلام چھوڑ جایئے اور چار روز بعد آیئے چنانچہ چوتھے روز ہم پھر پہونچے۔ زورؔ صاحب اپنی مخصوص نشست (تخت) پر بیٹھے ہوئے تھے۔ فوراً خاور نوری صاحب کا مجموعۂ کلام لیے ہوئے ہمارے ساتھ باہر چلے آئے خاور صاحب کو ادارۂ ادبیاتِ اُردو کے دفتر میں بیٹھنے کے لیے کہا اور مجھے اپنے ساتھ لیے ہوئے ادارہ کی دوسری منزل کے ایک مختصر اور چھوٹے سے کمرے میں پہونچے جہاں اس وقت، ایک میز اور چند کرسیاں تھیں۔ ایک کرسی پر ڈاکٹر صاحب بیٹھ گئے مجھے اپنے مقابل کی کرسی پر بیٹھنے کا حکم ہوا۔ پھر مجھ سے پوچھا کہ کیا آپ نے بھی یہ مجموعہ کلام پڑھا ہے؟ میں نے کہا "ہاں! دیکھا ہے"۔ ڈاکٹر صاحب نے دوسرا سوال کیا کہ کلام آپ کو پسند آیا؟ میں نے کہا کہ خاور صاحب اچھا کہتے ہیں۔ وہ حیدرآباد کے ایک منجھے ہوئے اور خوش فکر شاعر ہیں۔

اس گفتگو کے بعد، ڈاکٹر صاحب نے مجموعۂ کلام کی پھر ایک بار اِدھر اُدھر سے ورق گردانی کی۔ اس کے بعد مجموعۂ کلام میز پر رکھ دیا۔ اور میرے سامنے بیٹھے

ہوئے پیش لفظ لکھنا شروع کیا۔ تھوڑی ہی دیر میں پیش لفظ تیار تھا۔ کاغذ پر میری نظر پڑی۔ میں حیران رہ گیا۔ یوں معلوم ہو رہا تھا کہ سطریں نہیں، موتیوں کی لڑیاں ہیں۔ ڈاکٹر صاحب نے پیش لفظ، اس تیزی اور روانی سے لکھا تھا جیسے کوئی کسی عبارت کو حفظ کر لینے کے بعد لکھے۔ ڈاکٹر صاحب، بہت خوش خط تھے۔ اُن کی تحریر، ان کے دل کی طرح روشن اور پاک وصاف تھی۔ تیز اور رواں لکھنے کے باوجود، خط کہیں سے بھی شکستہ نظر نہیں آرہا تھا۔ شروع سے آخر تک تحریر خوبصورت تھی۔ ڈاکٹر صاحب کا شکریہ ادا کر کے میں یہ پیش لفظ لیے ہوئے نیچے، ادارہ کے دفتر میں پہونچا جہاں خادم نوری صاحب تشریف فرما تھے۔ انھیں بھی بڑی مسرت ہوئی کہ ان کی خواہش کی تکمیل ہوگئی۔

ڈاکٹر زورؔ، دیوانۂ اردو تھے۔ انھوں نے ساری عمر اُردو کی پُرخلوص اور شاندار خدمات انجام دیں۔ مخالفتوں اور رکاوٹوں سے ان کا موڈ خراب ضرور ہوتا تھا لیکن وہ ہار ماننے والے یا مخالفت یا رکاوٹ سے ڈر جانے والے انسان نہیں تھے۔ وہ کسی سے مرعوب ہونے یا دبنے والے انسان نہیں تھے۔ اب ان کے انتقال کے ۴۲ سال بعد ان کے کام کا جائزہ لیتے ہوئے یہ محسوس ہوتا ہے کہ مخالفتیں، ان کے حوصلہ اور ہمت میں اضافہ اور ان میں کام کرنے کا جوش اور ولولہ پیدا کرنے کا باعث ہوئیں۔ وہ زندگی کی آخری سانس تک اردو کی بے لوث خدمت انجام دیتے رہے۔ وہ حیدرآباد میں ہوں یا کشمیر میں، اُردو کی خدمت کا خیال، ہمیشہ ان کے دل میں جاگزیں رہا۔ غالبؔ کے خیال کے مطابق ع

"لیکن ترے خیال سے غافل نہیں رہا"۔ والی بات اردو سے ڈاکٹر زور کی والہانہ محبت پر حرف بحرف صادق آتی ہے۔

ڈاکٹر زورؔ کی اُردو سے والہانہ محبت کے تذکرہ پر مجھے ایک اور چھوٹا سا واقعہ یاد آرہا ہے۔ اُستہ ہال، میں اُردو مجلس کا ماہانہ جلسہ منعقد ہو رہا تھا۔ ڈاکٹر زورؔ اس جلسہ کے صدر تھے زورؔ صاحب کا انتظار ہو رہا تھا۔ اتنے میں اس ہال کی گیٹ میں ان کی موٹر داخل ہوئی

اردو ہال کی سیڑھیوں کے قریب موٹر رُکی۔ میں نے آگے بڑھ کر اُن کا استقبال کیا چہرہ سے متفکر نظر آئے۔ ہاتھوں میں دوا کی خالی شیشیاں تھیں۔ موٹر سے نکلتے ہوئے اپنی جیب سے دوا کا نسخہ نکال کر اپنے بڑے صاحبزادے جناب سید تقی الدین قادری صاحب کو دیتے ہوئے کہا کہ عابد شاپ جاکر دوا تیار کروالو۔ میں نے پوچھا کیا بات ہے؟... ڈاکٹر صاحب! خیریت تو ہے؟" فرمایا" کیا کہوں حضت! طبیعت پریشان... ("پریشان" کے الف کو کھینچ کر) ہے بیگم صاحبہ (مسز ڈاکٹر زور) کا مزاج ناساز ہے۔ دوا کے لیے بھیج رہا ہوں۔ گھر سے اردو ہال کے لیے نکلنے میں اس لیے دیر بھی ہوگئی۔ پھر اچانک آنکھوں میں غیر معمولی چمک پیدا ہوئی اور کہنے لگے۔ گھر پر یوم محمد قلی قطب شاہ کی تقاریب کے سلسلے کے کاموں میں مصروف تھا۔ میری حوصلہ افزائی کے لیے فرمایا کہ" اس جلسے میں محض آپ کی خاطر چلا آیا ہوں"۔

واقعہ یہ ہے کہ میں بھی اس خاص مہینے میں ڈاکٹر صاحب کو صدارت کی زحمت دیتے ہوئے یہ سوچ رہا تھا کہ دیکھوں تو سہی، یوم قلی قطب شاہ کی تقاریب کی مصروفیت کے زمانے میں ڈاکٹر صاحب میری درخواست کو قبول فرماتے بھی ہیں یا نہیں؟ ان کی زبان سے اپنی قدر افزائی کے الفاظ سن کر ایسا محسوس ہوا کہ مجھے اپنی محنت کا صلہ مل گیا۔ بے حد مصروفیات اور گہرے رشتے ناتے کی بھی پروا کیے بغیر والہانہ انداز میں، محض اردو کی خدمت کے جذبے کے تحت ادبی جلسوں میں شرکت کی دعوت قبول کرنا، ڈاکٹر زور ہی کا کام ہو سکتا ہے۔ کوئی اور ہوتا تو مجھے یقین ہے کہ میری درخواست ضرور مسترد ہو جاتی۔

میرے دل پر ڈاکٹر زور کی باوقار اور سنجیدہ شخصیت کے گہرے نقوش ثبت ہیں میں نے کام کرنے کا سلیقہ ڈاکٹر زور سے ہی سیکھا۔ اردو زبان کی توسیع و اشاعت اور اردو ادب کی ترقی کے کام میں، اُن کی سی برق رفتاری، اردو کے خدمت گزاروں

میں پیدا ہو جائے تو ہماری زبان اور ادب کی کس مپرسی کی کیفیت وحالت، بہت جلد ختم ہو جائے۔

اردو، آج اپنے اس بے غرض محسن کو رہ رہ کر یاد کر رہی ہے اور اس بات کی بے چینی کے ساتھ منتظر ہے کہ ایسے ہی چند جیالے پُرخلوص خدمت گزار آگے بڑھیں اور اس کی دستگیری کریں۔

ہندوستان کے لاکھوں، کروڑوں اردو بولنے والوں میں کوئی ہے جو یہ دیکھے کہ ہماری زبان اُردو ملک کی دوسری زبانوں کے ساتھ ساتھ عزت و وقار کا اپنا جائز اور مستحقہ مقام حاصل کرنے کے لیے، نئی نسل اور نوجوانوں کی طرف کس تمنا سے دیکھ رہی ہے اور اُردو کے تحفظ اور بقا کے لیے اپنی تمام مصروفیات کو بالائے طاق رکھنے والے پھر کسی زورؔ کی اشتیاق کے ساتھ منتظر ہے۔

— "یوم زورؔ" کے ادبی اجلاس میں پڑھا گیا

(ماہنامہ "سب رس" ماہ دسمبر ۱۹۷۶ء)

معاشرے میں ادیب کی ذمہ داریاں

زندگی ہر دور میں مسائل سے اُلجھی اور گھری ہوئی رہی ہے۔ لیکن انسان نے عزم و ہمت سے کام لیتے ہوئے جد و جہد اور تگ و دو سے اِن مسائل سے نمٹنے اور انھیں حل کرنے کی مقدور بھر کوشش کی ہے۔ سماج کے ایک فعال فرد کی حیثیت سے ہر باشعور شخص زندگی کے مد و جزر کا سامنا کرتا ہے۔ بڑا ادیب اور شاعر، صاحب نظر ہونے کے علاوہ عام آدمی کی بہ نسبت زیادہ حساس اور باشعور ہوتا ہے۔ وہ اپنے ماحول کا گہری نظر سے جائزہ لیتا ہے اور سماج میں پھیلے ہوئے انتشار یا سماج کی طاقت اور ترقی کو متاثر کرنے والے عناصر پر نظر رکھتا ہے۔ فرض شناس ادیب، ساحل سے طوفان کا نظارہ کرنے کا کبھی قائل نہیں ہوتا بلکہ وہ تو قانون کا پامردی سے ڈٹ کر مقابلہ کرتا ہے۔ وہ ہواؤں کے رُخ کو بدل دیتا ہے اور اپنی سعی و جہد سے کامیابی سے ہمکنار ہوتا ہے اور دنیا میں امن و سکون اور مسرت و خوش حالی کو عام کرتا ہے۔

ادب زندگی کا آئینہ اور ترجمان ہوتا ہے۔ وہ بقول میتھیو آرنلڈ، زندگی کی تنقید بھی ہوتا ہے۔ جب اخلاقی اور انسانی قدریں خطرے سے دوچار ہوں تو یہ صورتحال ایک بلند درجہ ادیب کے لیے چیلنج کی حیثیت اختیار کرتی ہے۔ وہ زمانے کے اس چیلنج کو قبول کرتا ہے اور اپنی زندگی کا نذرانہ دینے سے بھی دریغ نہیں

کرتا۔ غالب نے کہا تھا ؎

لکھتے رہے جنوں کی حکایاتِ خونچکاں
ہر چند اس میں ہاتھ ہمارے قلم ہوئے

۱۸۵۷ء کی جنگِ آزادی کے دوران جو غزل آزادی کے متوالے نوجوانوں کی نوک زباں تھی ، اس کا مطلع

سرفروشی کی تمنّا اب ہمارے دل میں ہے
دیکھنا ہے زور کتنا بازوے قاتل میں ہے

بہرحال صفِ اوّل کا ادیب اپنی حیات پرور تخلیقات کے ذریعہ لوگوں کی فکر کے انداز میں انقلابی تبدیلی لاتا ہے صحت مند تبدیلی اور تعمیری انقلاب ، زندگی کو حسین سے حسین تر اور خوب سے خوب تر بنانے کے لیے ناگزیر ہیں ۔ یوں بھی اقبال کے خیال کے مطابق ؎

سکوں محال ہے قدرت کے کارخانے میں
ثبات ایک تغیّر کو ہے زمانے میں

انقلاب کا مقصد تعمیر ہو تو انسان اور انسانیت کی بقا اور اس کے تحفظ کی توقع کی جاسکتی ہے لیکن اگر انقلاب کا مقصد تخریبی ہو تو پھر انسان اور انسانیت کا وجود خطرہ میں پڑسکتا ہے۔ زندگی ہر دم ، نئی دنیا کی تعمیر و تشکیل میں لگی رہتی ہے جیسا کہ اقبال نے کہا ؎

چشم بکشائے اگر چشم تو صاحب نظر است
زندگی در پئے تعمیرِ جہانِ دگر است

اُردو کے ادیب اور شاعر کسی زمانے میں بھی اپنے دَور کے مسائل سے غافل نہیں رہے ہمارے نثر نگاروں اور شاعروں نے ہمیشہ اپنے دور کے عوام کے جذبات واحساسات کی کامیابی سے ترجمانی کی ہے۔ ان کے دل کی دھڑکنوں ، آہوں ، آنسوؤں اور درد و

کرب کو اپنی تخلیقات میں سمویا ہے۔ عام لوگوں کی آرزوؤں، تمناؤں اور ان کے سنہرے خوابوں کو انھوں نے فنکارانہ مہارت کے ساتھ موثر پیرایہ میں پیش کیا ہے۔ اعلیٰ نصب العین کے حصول کے سلسلے میں ان کی جدوجہد ہمیشہ مثالی رہی ہے۔ اصغر گونڈوی نے ان ادیبوں کے جذبہ واحساس کی صحیح ترجمانی اپنے اس شعر کے ذریعہ کی ہے۔

آلام روزگار کو آساں بنادیا جو غم ملا، اُسے غمِ جاناں بنادیا

اُردو ادب کا کم وبیش پورا سرمایہ، معاشرہ کے مختلف مسائل کا آئینہ ہے۔ اپنے دور کی زندگی کی تصویر ہے۔ ناکامی، یاس، حسرت، مایوسی، نارسائی، محرومی، درد وکرب، تنہائی کا شدید احساس اور مردم بیزاری معاشرہ کی ہمہ جہتی ترقی کی راہ میں رکاوٹ ہوتے ہیں۔ بقول شمس الرحمٰن فاروقی "تنہائی کا احساس" شاعر کی شخصیت کی تعمیر میں رول ادا کرتا ہے شاعر اپنی شخصیت کو دوسروں سے بہت زیادہ مختلف پاتا ہے۔ اس لیے وہ زیادہ تنہائی محسوس کرتا ہے، غالب کا شعر ہے ؎

آپ سے وہ مرا احوال نہ پوچھے تو اسدؔ

حسبِ حال اپنے پھر اشعار کہوں یا نہ کہوں

اعلیٰ ادب یا عالمی ادب میں ہم عصریت CONTEMPORONETY کے علاوہ ابدیت ETERNITY اور ہمہ گیری بھی وقتی مسائل پر مشتمل ہنگامی ادب زیادہ دیرپا نہیں ہوتا لیکن ایسے ادب کی بھی اپنی جگہ بے حد اہمیت ہے۔ اگرچہ وقتی مسائل، مختصر عرصے کے لیے لوگوں کی توجہ، دلچسپی اور غور وفکر کا مرکز ہوتے ہیں پھر بھی ان کی اہمیت سے کوئی باشعور شخص انکار نہیں کرسکتا۔ زندگی کے مسلسل متواتر تلخ اور ناخوش گوار تجربات، انسان کے دل میں مردم بیزاری کا جذبہ پیدا کرتے ہیں اور ایسا انسان اپنے ساتھیوں سے نفرت کرنے لگتا ہے، جس سے محبت، ملنساری، اتفاق واتحاد کے جذبات فنا ہوجاتے ہیں بقول غالب

پانی سے سگ گزیدہ ڈرے جس طرح اسدؔ ڈرتا ہوں آدمی سے کہ مردم گزیدہ ہوں ؎

ڈاکٹر عابد حسین نے سچے ادب کی تعریف کرتے ہوئے لکھا ہے کہ "ادب" شاعر یا ادیب کے ذہن میں سوئے ہوئے خیالات کا نام ہے جو زندگی کی چھیڑ سے جاگتے ہیں۔ زندگی کی آنچ میں تپتے ہیں اور زندگی کے سانچے میں ڈھل کر خود زندگی بن جاتے ہیں۔"

محبت، ہمدردی، ایثار اور قربانی کے جذبات، اعلیٰ انسانی جذبات ہیں۔ ادب اپنی تخلیقات کے ذریعہ ان اعلیٰ انسانی جذبات اور اخلاقی قدروں کو عام کرتا ہے۔ آج کے معاشرے میں ادیب کی ذمہ داریوں میں بے حد اضافہ ہوا ہے۔ ہر حساس ادیب آج یہ محسوس کرتا ہے کہ زندگی اس سے احساسِ فرض اور ادائیگی فرض کا مطالبہ اور تقاضا کر رہی ہے اُسے مسلسل آواز دے رہی ہے۔ آج کے ادیب کا یہ فرض ہے کہ وہ اپنے ماحول اور ساری دنیا کے حالات پر گہری نظر رکھے اور معاشرے کے اہم مسائل کو اپنی تخلیقات کا عنوان بنائے اور اس طرح قومی اتحاد و یکجہتی اور بنی نوعِ انسان سے محبت کے جذبات کو عام کرے۔

ہمارا معاشرہ، ترقی کی شاہراہ پر گامزن ہے۔ ترقی کی رفتار کو تیز تر کرنے کے لیے معاشرے کے تمام افراد کو بیدار رہنے اور باعمل ہونے کی ضرورت ہے۔ اصحاب فکر و نظر کے لیے موضوعات کی کوئی کمی نہیں۔ آنکھیں کھول کر دیکھنے اور ذہن کی کھڑکیوں کو کھُلا رکھنے کی ضرورت ہے ہمارے معاشرے میں جہیز کی رسم، کم سنی کی شادی، نشہ بندی، اچھوتوں کی فلاح و بہبود کی تدبیریں، کسانوں اور مزدوروں کے دکھ درد کے علاج اور دیہات سدھار جیسے کئی امور قلم کاروں کی توجہ چاہتے ہیں۔ ہمارے قدیم ادب میں متوسط اور غریب طبقہ اور کسانوں اور دیہات کی زندگی کے مسائل کو افسانوں، ناولوں اور نظموں میں پیش کیا جا رہا ہے۔ آج قوم کی تعمیر و ترقی کے سلسلے میں بڑے بڑے منصوبوں کو تیزی سے عملی جامہ پہنایا جا رہا ہے جن سے قوم کی خوش حالی میں یقیناً اضافہ ہو رہا ہے۔ عام لوگوں کے معیارِ زندگی کو بلند کرنے کے منصوبوں پر عمل شروع ہو چکا ہے۔ ان تمام موضوعات پر ہمارے ادیب اپنی اعلیٰ اور معیاری تخلیقات پیش کر سکتے ہیں تاکہ ہمارے ادب میں آج کے

ہندوستان کی صحیح تصویر محفوظ ہو جائے۔

دنیا کی تاریخ میں انقلاب روس، انقلاب فرانس اور صنعتی انقلاب اہم واقعات ہیں۔ اہل ادب کے ذہن کی تبدیلی میں روسو والٹیئر اور کارل مارکس نے اہم حصہ ادا کیا ہے۔ انگریزی زبان کے کئی ادیبوں نے بھی اپنے دور کے حالات کی ترجمانی کی ہے۔ اردو میں سر سید احمد خاں مولانا حالی، ڈپٹی نذیر احمد، پنڈت رتن ناتھ سرشار، برج نرائن چکبست، مولانا عبدالحلیم شرر، مرزا ہادی رسوا۔ نظیر اکبر آبادی اور منشی پریم چند کے علاوہ کئی دوسرے مضمون نگاروں ناول نگاروں، افسانہ نگاروں اور شاعروں نے اپنے دور کے سماجی، معاشی اور اخلاقی مسائل کو اپنی تخلیقات کا عنوان بنایا اور اسطرح ان ادیبوں نے سماجی شعور کے بیدار کرنے میں اہم حصہ لیا ہے۔

آج کے ادیب پر انسان اور انسانیت کے حال اور مستقبل کو بہتر بنانے اور زندگی کو سنوارنے نکھارنے اور خوبصورت بنانے کی اہم ذمہ داری عائد ہوتی ہے۔

اس لیے اُردو کے ادیبوں کا فرض ہے کہ وقت کے تقاضے کو محسوس کریں۔ زمانے کی آواز پر کان دھریں اور قلم کے ذریعہ دُکھی انسانیت کی بے لوث خدمت کا بیڑہ اٹھائیں۔

قلم یقیناً تلوار سے زیادہ طاقتور ہوتا ہے۔ اس لیے پُر امن ہمہ وجودیت، جیو اور جینے دو اور انسان دوستی کے خیالات کو عام کرنے اور عالمی برادری کے قیام کے لیے مسلسل کوشش کی جانی چاہیئے۔ اعلیٰ پایہ کے ادیبوں کی تصانیف نے ماضی میں دنیا کے کئی ممالک میں ذہنی انقلاب پیدا کرنے میں اہم رول ادا کیا ہے۔ آج بھی اعلیٰ معیار کی تخلیقات ہمارے معاشرے کی بہتر طور پر خدمت کا موثر ذریعہ بن سکتی ہیں۔ موجودہ دور میں ایٹم بم، ہائیڈروجن بم اور دوسرے ایٹمی ہتھیاروں سے اعلیٰ انسانی قدروں اور تہذیب و تمدن کے گراں قدر سرمایہ کے چشم زدن میں کسی بھی لمحہ تباہ و برباد ہونے کا خطرہ لگا ہوا ہے۔ اسلیے ادیب ہی دوستی اور محبت کے پیام کو دنیا کے گوشے گوشے میں عام کرنے کا اہم فریضہ بحسن وخوبی

انجام دے سکتے ہیں۔ جگر مراد آبادی نے کہا تھا۔ میرا پیغام، محبت ہے جہاں تک پہنچے۔

اس کے علاوہ ہمارے ادیب ملک میں ہونے والی ہمہ جہتی ترقی کی رفتار سے اہلِ ملک بلکہ ساری دنیا کو واقف کرا سکتے ہیں جس سے قومی عزت اور وقار میں اضافہ ہو سکتا ہے۔ اہلِ ملک کے دل میں خود اعتمادی اور حب الوطنی کا جذبہ پیدا کرنے میں بھی ہمارے ادیب سرگرمی اور جوش و خروش سے حصّہ لے سکتے ہیں۔

فن کار یا ادیب کا دل صحیح معنوں میں جام جم ہے جس کے اندر اُسے سب کچھ نظر آتا ہے۔ وقتی مسائل کو ابدیت کی صورت دے کر عظیم ادب کی تخلیق کی جا سکتی ہے جس سے پڑھنے والوں کو مسرت اور بصیرت حاصل ہو سکتی ہے۔

سائنس اور ٹکنالوجی کی حیرت انگیز ترقی اور آواز کی رفتار سے بھی زیادہ تیز چلنے والے ہوائی جہاز کنکارڈ کی ایجاد کی بدولت، دُنیا کے ممالک ایک دوسرے سے بہت قریب آگئے ہیں۔ کیا ہی اچھا ہو اگر ہمارے ادیب، ساری دنیا کے انسانوں کے دِلوں کو بھی ایک دوسرے سے ملانے کا اہم انسانی فریضہ انجام دیں۔ ■■

('سب رس' ماہ جنوری ۱۹۷۷ء)

میرا ایک یادگار سفر

کولمبس کی دریافت کی ہوئی نئی دُنیا امریکہ کا سفر میری زندگی کا ایک یادگار سفر رہے گا۔ میں نے اپنے اس سفر میں امریکہ کے کئی خوبصورت اور اہم شہر دیکھے۔ یہاں کی فلک بوس عمارتیں، وسیع کشادہ اور صاف ستھری سڑکیں دیکھیں اور مانندِ برق تیز مثالِ صبا خموش، انسانوں کے قافلے، صبح کی پہلی کرن کے ساتھ، خوبصورت اور نئے ماڈل کی کاروں میں، اپنی اپنی منزل کی طرف رواں دواں دیکھے جن کے دیکھنے کے بعد جاوداں پیہم دواں، ہر دم جواں ہے۔ زندگی کا مفہوم سمجھ میں آیا۔ امریکہ پر قدرت واقعی بے حد مہربان ہے۔ یہاں اگر ایک طرف دلکش قدرتی مناظر کی فراوانی ہے تو دوسری طرف سائنس اور ٹکنالوجی کے میدان میں امریکی قوم کی حیرت انگیز ترقی سیاحوں کو دعوتِ غور و فکر دیتی ہے۔ ایسا معلوم ہوتا ہے کہ قدرت کے شاہکار 'انسان' کے مقصدِ زندگی 'تسخیر کائنات' کو پیشِ نظر رکھنے کی ذمہ داری امریکی قوم نے اپنے سر لے رکھی ہے۔ "خوابوں کو عملی جامہ پہنانا" کوئی امریکی قوم سے سیکھے۔ ہر امریکی کو اپنی قوم اور اپنے ملک سے بے حد محبت ہے اور وہ اپنی قوم کو طاقتور اور ملک کو خوبصورت بنانے کی مجنونانہ اور پُرخلوص کوشش میں ہمیشہ مصروف رہتا ہے۔ یہی وجہ ہے کہ ترقی پذیر ممالک کے لوگ اس ترقی یافتہ قوم کے ذہن کے کرشموں سے متاثر ہوئے بغیر

نہیں رہ سکتے۔ اقبالؔ نے کہا تھا ؎

افرنگ کا ہر قریہ ہے فردوس کی مانند

میں نے امریکہ کے دیہاتوں میں پُرسکون اور فرحت افزاء فضا دیکھی ہے۔

میرے سب سے چھوٹے بھائی ڈاکٹر مظفر حسین اور ان کی بیوی ڈاکٹر ثریا حسین ایک ماہ کے قیام کے لئے اپنے بچوں کے ساتھ فلوریڈا سے حیدرآباد آئے ہوئے تھے انھوں نے مجھ سے اپنے ساتھ ہی امریکہ چلنے کی خواہش کی۔ میرے دل کے کسی گوشے میں امریکہ کے سفر کی خوابیدہ خواہش بیدار ہوئی۔ شاید آب و دانہ کی کشش نے بھی فوراً مجھے آمادہ کیا اور میں اپنے بھائی، ان کی بیوی اور لڑکوں اکبر، اصغر، عادل، عابد اور عارف کے ساتھ حیدرآباد سے براہ بمبئی و لندن بذریعہ ہوائی جہاز میامی (MIAMI) امریکہ کے لئے روانہ ہوگیا۔ لندن کے انٹرنیشنل ایرپورٹ (HEATHROW) میں ہم لوگ دو گھنٹے ٹھہرے رہے۔ ایرپورٹ کی خوبصورت DUTY FREE SHOP کی سیر میں وقت گزرنے کا احساس ہی نہیں ہوا۔ لندن سے ہمارا ہوائی جہاز امریکہ کی اسٹیٹ فلوریڈا کے انٹرنیشنل ایرپورٹ میامی کے لئے روانہ ہوا۔ ہم رات میں دس بجے میامی پہونچے ہوائی جہاز کی کھڑکیوں سے میامی واقعی روشنیوں کا شہر معلوم ہو رہا تھا۔ میرے بھائی نے امریکہ سے حیدرآباد آتے ہوئے اپنی کار میامی میں اپنے ایک دوست کے گھر میں رکھوادی تھی اور ان سے یہ خواہش کی تھی کہ حیدرآباد سے میامی کو واپسی کے روز وہ کار ایرپورٹ لانے کی زحمت فرمائیں۔ چنانچہ جب ہم میامی ایرپورٹ سے مع ساز و سامان باہر نکلے تو مذکورہ دوست، کار کے ساتھ ہمارے انتظار میں کھڑے ہوئے تھے۔ اُن کا شکریہ ادا کیا گیا اور انھیں ان کے دولت کدہ پر چھوڑتے ہوئے ہم سیدھے فلوریڈا کے شہر اوکی چوبی کے لئے روانہ ہوئے۔ میامی سے اوکی چوبی تقریباً ۱۳۰ میل دور ہے ہم تقریباً ۱۲½ بجے شب اوکی چوبی پہنچے۔

میامی سے اوکی چوبی کے سفر کے دوران ٹیپ ریکارڈ ساتھ تھا اس لئے کار میں ہم لوگ حیدرآباد کے مشہور اور مقبول موسیقار عارف رؤف کی آواز میں غزلوں سے محظوظ ہوتے ہوئے گھر پہونچے ۔ اِدھر اُدھر کی باتیں ہوتی رہیں۔ رمضان المبارک کے آخری تین روزے باقی رہ گئے تھے ۔ ڈاکٹر ثریا حسین نے سحری کا اہتمام و انتظام کیا۔ کھانے سے فارغ ہوئے ۔ ڈاکٹر مظفر نے رات میں ۱/۲ ۳ بجے امریکہ کے مختلف شہروں میں مقیم ہمارے بھانجے، بھانجیوں اور بھتیجے ،بھتیجیوں کو میرے امریکہ آنے کی اطلاع فون پر دے دی. ان سب عزیزوں سے فون پر میں نے اوکی چوبی سے پہلی بار گفتگو کی ۔ اس کے بعد تھوڑی دیر کے لئے ہم سب سو گئے ۔

علی الصبح اٹھا' سفیدۂ سحر نمودار ہو رہا تھا میرے کمرے کی کھڑکی ، وسیع کشادہ لیکن خاموش سڑک کی طرف کھلتی تھی ۔ مکان کے صحن میں سخی کے دل کی طرح وسعت تھی ۔ صحن میں پہونچا۔ سڑک کی طرف نگاہ ڈالی اور زیر لب کہا " گڈ مارننگ امریکہ !" حیدرآباد میں تقریباً سترہ سال سے اپنے ہاتھ سے شیونگ کرنے کی عادت چھوٹ گئی تھی ۔ اس طویل وقفے کے بعد ، پہلی مرتبہ خود اپنے ہاتھ سے شیونگ کی کوشش کی لیکن بہت سنبھل سنبھل کر ، بڑی احتیاط سے جیسے کوئی مینا بار دوش ہو ۔ نو بجے صبح تھوڑی دیر کے لئے ٹی وی پروگرام دیکھا ۔ رنگین ٹی وی بلکہ ٹی وی دیکھنے کا میرے لئے پہلا موقع تھا ۔ ۱/۲ ۱۱ بجے ہم لوگ شہر اوکی چوبی کی سیر کے لیے کار میں روانہ ہوئے چار بھتیجے چار مختلف اسکولوں میں زیر تعلیم ہیں ۔ ان بھتیجوں کے چاروں اسکول دیکھے ۔ شاپنگ سنٹرس ، پوسٹ آفس اور سوئمنگ پول میں تھوڑا سا وقت گزرا ۔ سوئمنگ پول کا نظارہ بھی دور سے رہا ۔ بقول شاعر اپنا حصہ دور کا جلوہ ۔

اوکی چوبی پہونچنے کے چوتھے دن عید الفطر تھی BREVARL COUNTY میں BARE FOOT BAY COMMUNITY HALL وسیع اور کشادہ ہال ہے اور

پُر فضا مقام پر واقع ہے۔ یہاں عید الفطر کی نماز ادا کی گئی۔ یہ مقام اوکی چوبی سے تقریباً ۷۰ میل دور ہے۔ عید الفطر کی نماز کا وقت ۹½ بجے صبح تھا۔ ڈاکٹر محمد ادریس نے نمازِ عید پڑھائی اور پُر اثر انداز میں خطبہ دیا۔ عید الفطر کی اس نماز میں تقریباً ۵۰ خواتین و حضرات شریک رہے۔ عید کے اس اجتماع میں ۱۵، ۲۰ بچے بھی تھے۔ معصوم، صحت مند، شاداں و فرحاں، خوش لباس بچے جو اپنے تمام ہم عمر ساتھیوں سے گھل مل کر دل کھول کر بات چیت کرتے رہے۔ اس اجتماع میں ہندوستان اور پاکستان کے علاوہ مصر اور لبنان سے آئے ہوئے مسلمان بھی شریک تھے۔ عید الفطر کی مبارک سلامت اور مصافحہ اور معانقہ کی خوشگوار اور مسرت افزا رسم کے بعد اس کمیونٹی ہال میں دلچسپ قہقہہ بار لطیفوں کی محفل منعقد ہوئی جس سے محفل میں زندگی کی ایک لہر سی دوڑ گئی۔ حاضرین میں سے بعض دوستوں نے نہایت دلچسپ لطیفے سنائے جن سے محفل میں قہقہوں کا سیلاب اُبل پڑا۔ تقریباً تین بجے سہ پہر ہم سب BARE-FOOT BAY COMMUNITY HALL سے واپس روانہ ہوئے۔ واپسی میں عید کی ملاقات کے لئے میرے بھائی ڈاکٹر مظفر حسین کے بعض دوستوں کے گھر جانے کا موقع ملا۔ یہاں سے ہم VERO BEACH پہونچے۔ جہاں سے ہم سب نے ATLANTIC OCEAN کا نظارہ کیا۔ بار بار اقبال کا یہ مصرع زبان پر بے اختیار آتا رہا ۔

نظارے کو تو جنبشِ مژگاں بھی بار ہے

اور دل نے کہا ۔ ع ہے دیکھنے کی چیز، اسے بار بار دیکھ

اٹلانٹک کی سطح پر پیدا ہونے والی لہروں کے پیچ و خم کو دیکھ کر زندگی کی راہ کے پیچ و خم یاد آتے رہے اور ساحل سے ٹکرانے والی موجوں کے مسلسل جوش و خروش کو دیکھ کر نوجوانی کے جوش و خروش کی تصویر نگاہوں کے سامنے پل دو پل کے لئے اُبھری لیکن چونکہ ہم نماز مغرب سے پہلے اوکی چوبی واپس لوٹنا چاہتے تھے اس لئے

بادلِ ناخواستہ گھر کی طرف چل پڑے۔

عیدالفطر کے بعد دو تین دن تک شہر کی سیر کے علاوہ LAKE OKEECHO BEE کی ہوا خوری بھی ہوئی۔ یہ LAKE امریکہ کی اسٹیٹ فلوریڈا کی تین سب سے بڑی جھیلوں میں شمار کی جاتی ہے۔ دوسری دو جھیلیں LAKE APOPKA اور LAKEGEORGE ہیں ویسے فلوریڈا میں ۳ ہزار جھیلیں ہیں۔

تاریخی شہر اوکی چوبی LAKE OKEE CHOBEE کے شمالی کنارے پر آباد ہے۔ اوکی چوبی۔ نام یہاں کے قدیم انڈینز (SEMINOLES) کا دیا ہوا ہے۔ OKEE CHOBEE کے معنی ہیں BIG-WATER۔ اوکی چوبی بلکہ پورے فلوریڈا کی آب و ہوا معتدل نہایت خوشگوار اور صحت بخش ہے۔ کار میں دور تک نکل جائیے تو آپ کو روح پرور مناظر کا نہ ختم ہونے والا سلسلہ ملے گا اور آپ کا جی چاہے گا کہ کار یوں ہی چلتی رہے آگے بڑھتی رہے اور یہ سفر کبھی ختم نہ ہونے پائے اقبال کا مصرع " سفر زندگی کے لئے برگ و ساز "

ذہن میں گونجتا رہ جائے۔ فلوریڈا جاذب نظر اور دلکش ہے۔ ہر طرف سبزہ زار سرسبز و شاداب پودے، ہرے بھرے درخت، خوبصورت پھول، جابجا کھجور، صنوبر، سرو کے درختوں کے علاوہ، کئی قسم کے دل موہ لینے والے پودے ہرے بھرے میدانوں میں ہوا کے ہلکے ہلکے جھونکوں سے جھومتے ہوئے نظر آتے ہیں۔ اوکی چوبی کے بازار میں کئی قسم کی مچھلیاں ملتی ہیں۔ یہاں بڑے بڑے ڈیری فارم ہیں۔ سنترہ، نارنگی، چکوترا، گریپ فروٹ، ناشپاتی، سیب، موز، پپیتہ، تربوز، خربوزہ، آم، انگور اور بعض دوسرے پھل اور کئی قسم کی ترکاریاں ہر وقت ملتی ہیں۔ پھلوں میں FLORIDA ORANGE بہت مشہور اور پورے فلوریڈا میں کثرت سے پیدا ہوتا ہے۔ سڑک کی دونوں جانب میلوں تک سنترے کے درخت، پھلوں سے لدے ہوئے عجیب بہار دکھلاتے ہیں اسی

لئے یہاں ORANGE JUICE کا استعمال بہت عام ہے۔

دلچسپ مشغلوں میں ٹینس، گولف، بیس بال، بوٹنگ، سوئمنگ، بیڈمنٹن، ساکر (فٹ بال) قابلِ ذکر ہیں۔ صحت و تندرستی کی حفاظت کے لئے لوگوں کو میں نے صبح شام JOGGING یا RUNNING کرتے ہوئے بھی دیکھا ہے JOGGING کا شوق عمر اور صنف کی قید سے آزاد ہے یعنی بچے، جوان، بوڑھے، عورت اور مرد سبھی صحت کی حفاظت کے لئے دوڑ دھوپ کرتے ہیں۔ ادکی چوبی کی COUNTY LIBRARY سے بھی میں نے جو حسنِ اتفاق سے ڈاکٹر مظفر حسین کے گھر سے بے حد قریب ہے استفادہ کیا ہے۔ JOHN F. KENNEDY نے اپنی تصنیف THE U.S.A. A NATION OF IMMIGRANTS میں نہایت تفصیل سے بیان کیا ہے کہ یورپ اور دنیا کے دیگر علاقوں سے کون کون سی قوموں کے افراد امریکہ کی مختلف اسٹیٹس میں وقفہ وقفہ سے آکر آباد ہوئے اور وہ یہیں کے ہوگئے۔ امریکہ کی تہذیب اور علوم و فنون کے سرمایہ میں اضافے کے سلسلے میں ان کا کیا حصہ رہا۔ یہاں امریکہ کی تمام پچاس اسٹیٹس کے تذکرے کے بجائے اختصار کو ملحوظ رکھتے ہوئے میں صرف چند ریاستوں کا تذکرہ کروں گا۔

فلوریڈا میں SPANISH, GREEKS AND CUBANS آئے۔ ILLI No 1 میں RUSSAINS, POLISH, HUNGARIANS, LITHUANIANS, SWEDISH آباد ہوئے۔ نیویارک میں POLISH, GREEKS, DUTCH, RUSSIANS, BELGIANS آئے۔ نیوجرسی میں POLISH اور ITALIANS آباد ہوئے۔

امریکہ کے اس دلچسپ سفر کے دوران میں نے ادکی چوبی کے علاوہ فلوریڈا کے بعض اہم شہر مثلاً MIAMI- MIAMI BEACH, FORT PIERCE, FORT-LAUDERDALE, WEST PALM BEACH, CORAL GABLES-ORLANDO, PALM BEACH, BOCAKATON, VERO BEACH

WALES, LAKE WORTH SEBRING, SEBASTIAN, LAKE -

, LAKE LAND - اپنے بھائی کے ساتھ دیکھے۔ - SAN FORD

KEY LARGO, KEY WEST, TAMPA - میری بھانجی ڈاکٹر احمدی اور ان کے شوہر
مسٹر زماں انڈسٹریل انجینئر اور ایک اور بھانجے ڈاکٹر حبیب احمد قادری کی بیوی ڈاکٹر دُردانہ
قادری کے ساتھ۔ KEY - WEST فلوریڈا کے جنوب کی آخری سرحد ہے۔ فلوریڈا کے
جنوب میں سمندر میں چھوٹے چھوٹے جزیروں کا سلسلہ بہت دُور تک چلا گیا ہے، ان
جزیروں کو پُلوں کے ذریعہ آپس میں جوڑا گیا ہے۔ ان میں سے ایک پُل سات میل لمبا
ہے۔ KEY WEST آخری جزیرہ ہے جہاں سے کیوبا ۹۰ میل دور ہے۔

KEY LARGO میں گلاس باٹم بوٹ کی سیر بھی ہمیشہ یادگار رہے گی۔ ان
اہم اور خوبصورت شہروں کے علاوہ میں نے - ORLANDO WALTDISNEY
— WORLD, MYSTRY FUN-HOUSE, SEA WORLD —
اور TAMPA میں BUSCH GUARDENS دیکھے۔ امریکہ کی اسٹیٹ OHIO کے
شہر آکسفورڈ کی سیر بھی قابلِ ذکر ہے۔ اوکی چوبی سے OHIO کے اس شہر کا فاصلہ ذریعہ
کار ایک ہزار نو دمیل ہے۔ میرے بھائی ڈاکٹر مظفر حسین، ان کی بیوی ڈاکٹر ثریا حسین
کے علاوہ ایک دوست مسٹر عشرت حسین انجینئر نے (جو ہمارے ساتھ سفر میں شریک تھے)
ڈرائیونگ کی ذمہ داری سنبھالی۔ ایک ہزار نو دمیل کا یہ فاصلہ ۲۴ گھنٹوں کی مسلسل ڈرائیونگ
کے ذریعہ طے کیا گیا۔ راستے میں دو یا تین مقامات پر دس دس منٹ کے لئے سفر کے سلسلہ
کو منقطع کیا گیا۔ اوکی چوبی سے OHIO کے شہر آکسفورڈ پہونچنے کے لیے ہم پانچ اسٹیٹس
یعنی فلوریڈا، جارجیا، ٹینی سی کینٹکی اور OHIO سے گزرے۔ TENNESSEE میں داخل
ہونے کے بعد سڑک کے ایک بورڈ پر یہ عبارت لکھی ہوئی دیکھی کہ "یہاں سے چوبیس میل
تک کُہر کا سامنا ہوگا۔ اس عبارت کے پڑھنے کے چند منٹ بعد، فضا میں دھواں، دھواں
سا نظر آنے لگا۔

سا نظر آنے لگا۔ کار کی رفتار بہت کم کر دی گئی۔ آگے چل کر اس قدر شدید اور گہری کہر تھی کہ کہر کے سوائے کوئی چیز دکھائی نہیں دے رہی تھی ہمارے آگے کی کار پندرہ فیٹ کے فاصلے سے ذرا آگے ہو جاتی تو کہر میں بالکل غائب ہو جاتی تھی۔ غرض ۲۴ میل کا یہ راستہ نہایت احتیاط سے طے کیا گیا۔ آکسفورڈ (اوہائیو) کے سفر سے ہم لوگ پانچویں روز اوکی چوبی واپس ہوئے۔

شکاگو (CHICAGO)، نیویارک، نیوجرسی اور واشنگٹن جیسے بے حد مشہور مقامات کو مجھے دو مرتبہ جانے کا موقع ملا۔ فلاڈلفیا کو ایک بار اور ORLANDO کو متعدد بار۔

امریکہ کے اس یادگار سفر کے دوران میں نے بس اور ٹرین کے سفر کا لطف اٹھایا اور کبھی ہوائی جہاز کے سفر کا۔

میرے بھانجے ڈاکٹر ریاض حسین صدیقی، مسز ثروت ریاض حسین صدیقی، بھتیجی شاہدہ احسان کے شوہر ڈاکٹر محمود حسین ہادی اور ایک اور بھتیجی صفیہ اور ان کے شوہر ڈاکٹر اعجاز احمد خاں کی دلچسپی کی بدولت شکاگو میں میرا قیام نہایت خوشگوار رہا۔ اور مجھے شکاگو کی بہت سی اہم اور خوبصورت عمارتوں، شاپنگ سنٹرز، پارکس اور ZOO کے دیکھنے کا موقع ملا۔

شکاگو کے بارے میں سارا برن ہارٹ نے بجا طور پر کہا تھا:

"I ADORE CHICAGO - IT IS THE PULS OF AMERICA -"

۔ میں نے امریکہ کے نہایت خوبصورت شہر نیویارک کی اہم تاریخی عمارتیں اور پل بھی دیکھے۔ نیویارک کی سیر کے سلسلے میں میں اپنے بھانجوں سید مجیب احمد قادری، مسز ڈاکٹر جویریہ قادری، رفیق احمد اور مسز شجیعہ رفیق احمد کا شکر گزار ہوں، دو اور بھانجوں سید فرید الدین اور مسز پروین فرید الدین اور سید فیض الدین نے مجھے نیوجرسی کی سیر کروائی۔ میں نے ان کے ساتھ نیوجرسی کا بے حد مشہور شاپنگ سنٹر بھی دیکھا۔ نیو یارک پبلک

لائبریری ففتھ ایونیو اور فورٹی ٹو اسٹریٹ پر واقع ہے۔ میں نے اس لائبریری میں دو دن دس بجے صبح سے پانچ بجے شام تک مطالعہ میں گزارے۔ اس لائبریری میں اُردو کی بہت سی کتابیں موجود ہیں۔ نمونے کے طور پر میں نے ایک کیٹلاگ کے صرف ایسے چار صفحات کی زیراکس کاپیاں حاصل کیں جن میں اُردو کتابوں کے نام درج تھے اور انھیں نیویارک کے تحفہ کے طور پر اپنے ساتھ لایا ہوں۔ نیویارک سے مجھے ذریعہ کار واشنگٹن اور فلاڈلفیا جانے کا موقع ملا۔ واشنگٹن میں قیام کے زمانے میں مسٹر مبین چیدہ اور بھتیجی مسز میمونہ چیدہ اور ایک بھتیجے وحید الدین نے واشنگٹن کی سیر کروائی۔

واشنگٹن کی لائبریری آف کانگریس میں پانچ روز دس بجے صبح سے ساڑھے چار بجے شام تک میں نے اقبالیات کا مطالعہ کیا۔ اس لائبریری کے ایشین ڈیویژن کے ڈائرکٹر ڈاکٹر سام افتخار نے میرے مطالعہ کے لئے کتابیں فوراً عنایت فرمائیں اور مجھ سے روزانہ ریڈنگ روم میں آ کر پوچھتے رہے کہ مجھے کسی اور کتاب کی ضرورت تو نہیں ہے؟ یہاں مجھے ڈاکٹر انامیری شمل کی مشہور کتاب GABRIEL'S WING کے مطالعہ کا موقع ملا۔ ڈاکٹر سام افتخار نے اپنی عنایت سے مجھے وہ فلم بھی دکھلانے کا انتظام فرمایا جو نومبر ۱۹۷۷ء میں واشنگٹن کی لائبریری میں منعقدہ اقبال صدی تقاریب کی پوری کارروائی کو محفوظ کرنے کے لئے لی گئی تھی۔ امریکہ کے اس سفر نے میرے دل پر نہایت خوشگوار اور تادیر رہنے والے گہرے نقوش چھوڑے ہیں۔ ■■

('نونم' ماہ مئی ۱۹۸۱ء)
حیدرآباد

ڈاکٹر زور - چند یادیں

ایک رات انگریزی نظموں کے کسی مجموعہ کا مطالعہ کر رہا تھا۔ لانگ فیلو (LONG FELLOW) کی مشہور نظم (PSALM OF LIFE) کے ان اشعار پر نظر پڑی:

TRUST NO FUTURE HOWEVER PLEASANT
LET THE DEAD PAST BURY ITS DEAD,
ACT, ACT IN THE LIVING PRESENT,
HEART WITHIN AND GOD "OR HEAD"
(OVER HEAD)

ان اشعار میں (KARMA YOGA) پر زور دیا گیا ہے۔ اور جو لمحہ اس وقت قبضہ و اختیار میں ہے اُسے بہتر طور پر استعمال کرنے کی اہمیت بیان کی گئی ہے معاً اقبال کا یہ شعر میرے ذہن کی سطح پر اُبھرا۔

وہ قوم نہیں لائقِ ہنگامۂ فردا
جس قوم کی تقدیر میں امروز نہیں ہے

ڈاکٹر زور کا عمل بھی ہمیشہ اس شعر کی تفسیر و تشریح تھا۔ انھوں نے اپنی زندگی کے ایک ایک لمحہ کا جو ان کے اختیار میں تھا بہتر طور پر استعمال کیا۔

وقت کی قدر و قیمت اور اس کی اہمیت و افادیت کا احساس، انہیں نوجوانی کے دور ہی سے تھا اور اسی لیے طالب علمانہ زندگی ہی سے ان میں رکھ رکھاؤ، سلیقہ، سنجیدگی اور باقاعدگی تھی۔ انھوں نے ۲۱ سال کی عمر میں "روحِ تنقید" جیسی کتاب ادبی دنیا کو دی۔ ۱۹۲۷ء میں تنقیدی مقالات اور محمود غزنوی کی بزم ادب اور ۱۹۲۹ء میں اردو شہ پارے جیسی دلچسپ، معلومات آفریں اور فکر انگیز کتابیں شایع کیں۔ ۱۹۳۰ء میں اُن کی تحقیقی کتاب ہندوستانی صوتیات (انگریزی) زیورِ طبع سے آراستہ ہوئی اور ۱۹۳۱ء میں ان کی پرخلوص کوششوں سے حیدرآباد میں ادارۂ ادبیاتِ اُردو کا قیام عمل میں آیا۔ ۱۹۳۲ء میں ہندوستانی لسانیات ۱۹۳۴ء میں عہدِ عثمانی میں اُردو کی ترقی اور ۱۹۳۵ء میں فنِ انشاء پردازی اور ۱۹۳۷ء میں مرقع سخن جلد اوّل، مرقع سخن جلد دوّم، متاعِ سخن، کیفِ سخن، بادۂ سخن اور سیرِ گولکنڈہ شایع ہوئیں۔ ڈاکٹر زورؔ نے ۱۹۳۸ء میں ماہ نامہ "سب رس" جاری کیا۔ ۱۹۴۰ء میں کلیاتِ محمد قلی قطب شاہ کو مرتب اور شایع کیا۔ کلیات محمد قلی کے لیے اُنھوں نے ایک عالمانہ اور محققانہ مقدمہ سپرد قلم کیا۔ ۱۹۴۲ء میں تاریخ ادب اردو کی اشاعت عمل میں آئی۔ اردو زبان و ادب کی ترویج و اشاعت اور اس کی مقبولیت میں اضافہ کے لیے ۱۹۴۴ء میں اُنھوں نے کل ہند اُردو کانگریس کے انعقاد کا اہتمام کیا۔ تذکرۂ مخطوطات کی انمول جلدیں ۱۹۵۱ء میں اور دکنی ادب کی تاریخ ۱۹۶۰ء میں شایع کرکے، ڈاکٹر زورؔ نے اردو ادب کے قیمتی ذخیرہ میں گراں بہا اضافہ کیا۔

۱۹۵۸ء میں پہلی مرتبہ یوم محمد قلی قطب شاہ کی تقاریب کا انتظام نہایت سلیقہ سے کیا۔ ان تقاریب کے اہتمام سے اُن کی غیر معمولی تنظیمی صلاحیتیں منظرِ عام پر آئیں۔

اس عرصے میں ان کی کئی گراں قدر تصانیف شائع ہوئیں۔ انھوں نے اردو زبان وادب کے ایک پُرخلوص خدمت گزار، انشاء پرداز افسانہ نگار، نقّاد، محقق شاعر اور ادیب کی حیثیت سے اپنی صلاحیتوں کا لوہا منوالیا۔

ڈاکٹر زوؔر نے بارہا کہا تھا کہ جو کچھ کرنا ہو آج ہی کر ڈالو۔ کسی کام کو کل پر کبھی نہ ٹالو۔ کیونکہ صرف آج پر ہمارا اختیار ہے۔ کل پر کسی کو اختیار نہیں اُن کی گفتگو سن کر مجھے بے اختیار، انگریزی کی ضرب المثل یاد آئی۔

(PROCRASTINATION IS THE THIEF OF TIME)

اور ہندی کا یہ دوہا بھی یاد آیا کہ کال کرے سو آج کر، آج کرے سو اَب۔ پل میں پرلے ہوئیگی پھیر کرے گا کب۔

مولانا حالؔی نے بھی آج کی اہمیت پر اپنے اس شعر میں زور دیا ہے ؎

کل یہاں کاروبار ہیں سب بند
کرلو جو کچھ کہ ہے کمائی آج

ایک سہانی شام مجھے یاد آرہی ہے۔ اس روز میں "تہنیت منزل" میں ۵ بجے شام زورؔ صاحب کی نشست گاہ میں، اُن کے تخت کے روبرو ایک کرسی پر بیٹھا تھا۔ کسی قدر فاصلے پر ایک گھڑی رکھی ہوئی تھی۔ زورؔ صاحب مجھ سے باتیں بھی کر رہے تھے اور اپنے کام میں بھی مصروف و منہمک تھے۔ دولت خانہ پر روزانہ اُن کے کام کرنے کا انداز یہی تھا۔ اُن کی نظر اپنے سامنے رکھے ہوئے کاغذات پر جمی ہوئی تھی۔ اُسی روز آیا ہوا ایک ٹیلی گرام بتاتے ہوئے مجھ سے فرمایا کہ دیکھا آپ نے! نواب مہدی یار جنگ نے میرا اور ادارۂ ادبیات اُردو کا کس قدر خیال رکھا ہے۔ وہ یہاں سے دہلی جا رہے تھے تو میں نے انہیں ایک کام کے سلسلے میں زحمت دی تھی۔ چنانچہ ٹیلی گرام کے ذریعہ اُنھوں نے اپنی مہربانی سے دہلی

سے مجھے اس کام کی اطلاع دی ہے۔ ڈاکٹر زور کا یہ جملہ ابھی ختم بھی نہ ہوا تھا کہ ادارہ کے دفتر کے ایک قدیم کارکن، کمرے میں داخل ہوئے اور نہایت ادب کے ساتھ زور صاحب کے روبرو خاموش کھڑے ہو گئے۔ ڈاکٹر زور نے ان کی طرف دیکھے بغیر اپنا ہاتھ آگے کی طرف بڑھایا اور سامنے رکھی ہوئی گھڑی کا رُخ پلٹا دیا اور پھر اُن سے مخاطب ہو کر فرمانے لگے کہ میرے ہاں گھڑی میں پانچ اُسی وقت بجیں گے جب دفتر کا آج کا کام پایۂ تکمیل کو پہونچ جائے۔ اس لیے اس وقت تک آپ اِس گھڑی یا خود اپنے ہاتھ پر بندھی ہوئی گھڑی کی طرف نظر مت ڈالیے۔ زور صاحب انتہائی سنجیدگی کے ساتھ قطعی لہجہ میں فرما رہے تھے۔ اِدھر اِدارۂ ادبیاتِ اُردو کے دفتر کے کارکن صاحب، نہایت خاموشی کے ساتھ یہ کلمات سُنتے رہے۔ اور پھر نہایت سکون اور اطمینان کے ساتھ اس روز تکمیل پائے ہوئے کام کی تفصیل پیش کرنے لگے۔

انٹرمیڈیٹ کا امتحان، آرٹس کالج، عثمانیہ یونیورسٹی کے گراونڈ فلور پر ہو رہا تھا۔ یہ ۱۹۴۳ء یعنی آج سے کوئی (۱۴) سال پہلے کی بات ہے۔ اس زمانے میں امتحان کے امیدواروں کی نشستوں کے درمیان کافی فاصلہ ہوا کرتا تھا۔ ہر امیدوار، اپنی نشست سے بلا کسی معقول سبب کے اور ہال میں موجود نگران کار صاحب کی اجازت کے بغیر اُٹھ نہیں سکتا تھا۔ ہال میں ایک نگران کار (INVIGILATOR) نگرانی کا کام بحسن و خوبی انجام دے لیا کرتے تھے۔ یہ وہ زمانہ تھا کہ امتحان دینے والے طلباء ڈرے، سہمے، سانس روکے صرف سوالات کے پرچہ اور اپنی جوابی بیاض پر نظریں جمائے رہتے تھے۔ نہ انہیں شدت کی پیاس، بار بار محسوس ہوتی تھی اور نہ پیشاب کے بہانے وہ تین گھنٹے کے دوران کئی بار امتحان ہال سے باہر جانے کے بارے میں سوچ سکتے تھے۔ پرچہ

سوالات کی تقسیم کے بعد امتحان گاہ میں مکمل سنّاٹا چھا جاتا ۔ اور مقررہ وقت کے ختم ہونے تک صرف جوابی بیاضوں کے صفحات کے اُلٹنے کی آوازیں خاموش فضا میں بلند ہوا کرتی تھیں۔

اس امتحان کا دوسرا یا تیسرا دن تھا اور ہم سب امیدوار اپنی اپنی جوابی بیاضوں پر جوابات لکھنے میں مصروف تھے۔ اچانک ایک امیدوار نے ڈاکٹر زورؔ کو ہال میں داخل ہوتے ہوئے دیکھا اور نہایت دبی آواز میں بے ساختہ کہا: "ڈاکٹر زور!" مجھے اس سے پہلے ڈاکٹر زورؔ کو دیکھنے کا کبھی موقع نہیں ملا تھا۔ البتہ ان کی بعض کتابیں پڑھ چکا تھا اور اپنے بعض بزرگ، رشتہ داروں کو سُنا چکا تھا اس لیے اشتیاق کے ساتھ میری نگاہیں بھی اُٹھیں۔ ڈاکٹر زورؔ تیز قدموں کے ساتھ میری دائیں طرف بیٹھے ہوئے ایک طالب علم کے قریب آئے اور اس کی جوابی بیاض کے صفحے اُلٹنے لگے۔ طالب علم، ادب و احترام کے ساتھ خاموش کھڑا رہا۔ زورؔ صاحب نے اُسے بیٹھنے کے لیے کہا لیکن اُسے ان کے اِس ارشاد کی تعمیل میں تکلّف ہو رہا تھا۔ دو تین منٹ کے بعد زورؔ صاحب ہال سے باہر تشریف لے گئے۔ وہ برہنہ سَر اور دیدہ زیب، خوب صورت شیروانی زیبِ تن کئے ہوئے تھے۔ اُن کی بارُعب اور جامہ زیب شخصیت سے ہال میں موجود تمام طلبا متاثر ہوئے اور اس روز امتحان ہال سے باہر نکلنے کے بعد تھوڑی دیر تک، زورؔ صاحب کے ہال میں تشریف لانے، جوابی بیاضوں کے اوراق اُلٹ کر دیکھنے اور پھر ہال سے باہر جانے کا، ایک دوسرے سے تذکرہ کرتے رہے۔

آرٹس کالج عثمانیہ یونیورسٹی میں بی۔ اے اور اس کے بعد ایم اے (اردو) کی تعلیم کے دوران یعنی چار سال تک، مجھے ڈاکٹر زورؔ کی شاگردی کا شرف حاصل رہا۔ بی۔ اے میں وہ، ہم طالب علموں کو تاریخِ ادب اردو پڑھاتے تھے اور ایم۔ اے میں ہندوستانی لسانیات اور کلیات محمد قلی قطب شاہ۔ اُن کے پڑھانے

کا انداز بڑا دل نشیں ہوتا تھا۔ ذہن میں ایک ایک بات اُترتی چلی جاتی تھی۔ وہ اپنے لکچر انتہائی انہماک اور پوری توجہ سے دیا کرتے تھے۔ یہ لکچر کچھ اس قدر تفصیل اور وضاحت کے ساتھ ہوا کرتے تھے کہ بہت کم کبھی کوئی بات تشنہ رہ جاتی۔ زور صاحب اپنی کلاس میں وقت کی پابندی کے ساتھ تشریف لایا کرتے تھے۔ ہم طالب علموں کو کبھی ان کا انتظار نہیں کرنا پڑا۔

ڈاکٹر زور، نواب رفعت یار جنگ کے داماد تھے خوش حالی اُن کے قدم چوم رہی تھی لیکن اس کے باوجود چونکہ ان کے پیش نظر، ہمیشہ ایک اعلیٰ مقصد زندگی رہا، اسلیئے وہ غضب کی محنت کرتے اور وسیع اور گہرے مطالعہ کے ذریعہ صلاحیت کے نکھارنے اور قابلیت میں اضافہ کرنے کی مسلسل کوشش کرتے رہے۔ وہ زندگی کو ایک نعمت غیر مترقبہ اور قدرت کا گراں بہا عطیہ سمجھتے اور اسی لحاظ سے اس کی بے حد قدر کرتے تھے انھوں نے کبھی ایک لمحہ بھی بیکار ضائع نہیں جانے دیا۔ ایک باشعور اور صاحب بصیرت شخص کی طرح، انھوں نے وقت کا بہترین استعمال کیا۔ وہ بہت کم سوتے تھے۔ رات دیر گئے تک مطالعہ اور لکھنے کے کام میں مصروف رہتے اور علی الصبح بیدار ہو جاتے تھے۔ ان کے سامنے مسائل اور مشکلات کی 'دیواریں' ہمیشہ کھڑی رہیں۔ لیکن سخت کوشی سے ان میں خود اعتمادی پیدا ہوئی اور ثابت قدمی، استقلال، حوصلہ اور ہمت کے ساتھ انھوں نے ان دیواروں کو ڈھا دیا اور اپنی منزل کی طرف جوش، ولولہ اور استقلال کے ساتھ رواں دواں بڑھتے رہے۔ انھوں نے زبان و ادب کی پُر خلوص خدمت کے دوران کسی فرد یا انجمن کی مخالفت کی کبھی ذرہ برابر بھی پرواہ نہیں کی بلکہ ایسی رکاوٹ کو کبھی خاطر میں ہی نہیں لایا اور اُسے اہمیت ہی نہیں دی اور اپنے خوابوں اور منصوبوں کی صورت گری میں منہمک رہے۔ وہ نہ صرف خود کام کرتے بلکہ لکھنے کی صلاحیت رکھنے والوں کی حوصلہ افزائی کرتے اور نہیں لکھنے پر مجبور کرتے تھے۔ انھوں نے اُردو اور ادارہ ادبیاتِ اردو

کی بقا اور ترقی کے لیے اپنی زندگی کی آخری سانس تک کوشش کی۔ جیسے جیسے وقت گزرتا رہا، اُردو اور ادارہ ادبیاتِ اُردو سے ان کی والہانہ وابستگی میں اضافہ ہی ہوتا گیا ہے۔ وہ LUCK AND PLUCK کے قائل تھے یعنی تقدیر کے ساتھ، وہ بقول اصغر گونڈوی

ع "جو بڑھ کر خود اُٹھالے ہاتھ میں، مینا اسی کا ہے"

کے بھی قائل تھے۔ اُردو کے ایک اور شاعر نے کہا تھا۔

ہ جو ہچکچا کے رہ گیا، وہ پیچھے رہ گیا
جس نے لگائی جست، وہ خندق کے پار تھا

پروفیسر عبدالقادر سروری نے ڈاکٹر زور کے انتقال پر آل انڈیا ریڈیو حیدرآباد سے اپنے تعزیتی نشریئے میں ڈاکٹر زور کی اس خصوصیت کی طرف اشارہ کرتے ہوئے فرمایا تھا کہ ہم دونوں (ڈاکٹر زور اور پروفیسر سروری) نے زبان و ادب کی خدمت کا کام ایک ساتھ اور ایک ہی زمانے میں شروع کیا تھا لیکن اس دوڑ میں وہ مجھ سے بہت آگے نکل گئے۔

گفتگو میں اُلجھن پیدا کرنے والوں اور بغیر سوچے سمجھے بحث مباحثہ یا حجت کرنے والوں سے وہ کبھی کبھی خفا ہو جاتے تھے ورنہ سچ پوچھیئے تو وہ مفاہمت، مصالحت، تعاون، موقع شناسی، معاملہ فہمی اور اعتدال پسندی کے دل سے قائل تھے۔ اُن کا مسلک صُلحِ کل تھا۔ وہ نزاع پسند کبھی نہیں رہے۔ تصادم اور ٹکراؤ سے بچنے کی انھوں نے ہمیشہ صدق دلی کے ساتھ کوشش کی۔ اِسی لیے ان کے دوستوں، قدر دانوں اور چاہنے والوں کا حلقہ نہایت وسیع تھا۔ اور اس حلقہ میں ہر مذہب و ملت اور ہر مسلک کے لوگ شامل تھے۔ انھیں ہمیشہ اپنے کام سے کام رہا۔ وہ مسکراتے ہوئے کہا کرتے تھے،

عاشقاں، آپ بھلے اپنا دلآرام بھلا

۲۲ر مارچ ۱۹۶۰ء کو بخشی غلام محمد وزیراعظم جموں وکشمیر نے ایوانِ اردو کا

افتتاح فرمایا تھا۔ جناب بھیم سین سچر گورنر آندھرا پردیش نے افتتاحی جلسے کی صدارت فرمائی حسنِ اتفاق سے میں بھی اس خوشگوار اور یادگار تقریب میں موجود تھا۔ زورؔ صاحب نے اپنا خطبہ پڑھا جس میں کسی تعلّی کے بغیر مختصراً ادارہ ادبیاتِ اُردو کی سرگزشت نہایت سلجھے ہوئے اور سنجیدہ انداز میں بیان فرمائی۔ اس تقریب کے اختتام پر لوگ ان سے مل رہے تھے اور انہیں مبارکباد دے رہے تھے۔ میں جلسہ گاہ میں ایک کھڑا ہوا تھا۔ زورؔ صاحب ملاقاتیں اور مصافحہ کرتے ہوئے میری طرف بھی تشریف لائے اور آہستہ سے پوچھا "آپ نے میری تقریر سُنی ؟ کیسی تھی ؟ اور پھر ایک منٹ کے وقفہ سے کہنے لگے "میں نے صرف ادارہ ادبیاتِ اُردو کی سرگرمیوں کا تذکرہ کیا ہے، کسی شخص یا انجمن یا ادارہ کی شکایت یا کسی پر اعتراض یا نکتہ چینی نہیں کی اور ان خطوط پر میں نے کبھی سوچا ہی نہیں۔ مجھے ہمیشہ اپنے کام سے کام رہا نہ ستائش کی تمنا، نہ صلہ کی پروا۔ اور نہ زورؔ صاحب کے اس کہنے میں صدفی صد صداقت تھی۔ جس شخص نے بھی زورؔ صاحب کو قریب سے دیکھا ہے، وہ بِلا تامل اس کی تصدیق کرے گا۔

اُن کے والد حضرت سیّد شاہ غلام محمد قادری زعم ایک صوفی منش بزرگ تھے اسی لیے زورؔ صاحب بھی صوفیوں کی طرح بے نیاز، ایک متوازن ذہن و دماغ رکھتے تھے۔ اور پھر سب سے بڑی بات یہ ہے کہ اُن کے پیشِ نظر ایک اعلیٰ مقصد تھا۔ اِس مشن اور مقصد کے آگے ۔ اس قسم کی چھوٹی چھوٹی بلکہ حقیر باتوں کی طرف، اُن کا متوجہ ہونا ناممکن تھا۔

زورؔ صاحب کا ضمیر پاک تھا۔ مخاطب سے وہ ہمیشہ مہذب و شائستہ پیرایہ میں گفتگو کرتے اور اگر کسی بزرگ شخص سے مل رہے ہوں تو اس کا دل سے احترام کرتے تھے ۔ افراد اور اداروں کے کام کی دل کھول کر تعریف کرتے تھے تاکہ اُن کی حوصلہ افزائی ہو اور وہ شوق و دلچسپی کے ساتھ اردو زبان و ادب کی رفتارِ ترقی

میں اضافہ کے لیے جوش و خروش سے حصہ لے سکیں۔ نوجوان شاعروں اور ادیبوں کی ہمت افزائی کا انہوں نے ہمیشہ خیال رکھا کبھی عصری ادب پر مضمون لکھتے تو انہیں اس بات کا خیال ضرور رہتا کہ کسی اہم شاعر، ادیب یا اُردو کے خدمت گزار کا نام سہواً بھی چھوٹنے نہ پائے۔ کوئی ان پر تنقید کرتا، کسی مضمون میں اُن پر اعتراضات ہوتے تو وہ کبھی دل شکستہ نہ ہوتے تھے۔

زور صاحب قلندرانہ مزاج کے حامل تھے۔ وہ قوموں کے عروج و زوال کو ڈھلتی پھرتی چھاؤں سمجھتے تھے۔ اسی لیے پولیس ایکشن کے بعد بدلے ہوئے حالات میں بھی وہ کبھی پست ہمت نہیں ہوئے بلکہ ان کی ادبی اور علمی سرگرمیوں کی رفتار اور تیز ہوگئی۔ وہ کہا کرتے تھے کہ کام کرنے کا وقت تو یہی ہے۔ اُن کے اِس قول کی اہمیت آج بھی یعنی اُن کے انتقال کے بائیس سال بعد بھی اتنی ہی باقی ہے جتنی خود اُن کے دور میں تھی اِسی لیے میں اُن کے اس قول کو دُہراتے ہوئے اس مضمون کو ختم کرتا ہوں کہ کام کرنے کا وقت تو یہی ہے۔

پروفیسر سید علی اکبر۔ چند یادیں، چند باتیں

شخصیت کی تشکیل و تعمیر، قوتِ ارادی، قوتِ عمل، عزم و ہمت اور مستقل مزاجی کا کرشمہ ہے۔ تائید ایزدی، موافق حالات یا حالات کے تقاضے سے بھی شخصیتیں اُبھرتی ہیں۔ قدرت، صلاحیتوں کی بخشش و عطا میں، ہمیشہ فیاض رہی ہے بشرطیکہ خواہشمند اس کے اہل ہوں ؎

کوئی قابل ہو تو ہم شانِ کئی دیتے ہیں
ڈھونڈنے والوں کو دنیا بھی نئی دیتے ہیں

اقبالؔ نے بجا طور پر کہا تھا کہ اپنی دُنیا آپ پیدا کر اگر زندوں میں ہے۔

اس لیے اگر آدمی بروقت بیدار ہوجائے اور زندگی جیسی نعمت غیر مترقبہ سے بہتر طور پر استفادہ کی کوشش کرے تو سماج میں نہ صرف وہ خود اعلیٰ مقام حاصل کر سکتا ہے بلکہ جہد مسلسل سے انسانی سماج کی خدمت بھی انجام دے سکتا ہے۔

پروفیسر سید علی اکبر سابق صدر ادارہ ادبیات اردو حیدر آباد کی زندگی اعلیٰ اخلاقی اور انسانی اقدار سے عبارت ہے۔ انھیں دیکھنے اور جاننے کے بعد کوئی شخص بھی، انسانیت کی بقاء اور تابناک مستقبل سے مایوس نہیں ہو سکتا۔ میں یہ بات بلا تامل کہوں گا کہ پروفیسر سید علی اکبر کی مثالی زندگی، موجودہ بے لگام نئی نسل کے لیے ایک قابلِ تقلید نمونہ ہے۔

صحت مند علمی، ادبی اور سماجی مصروفیات کے لیے اپنے آپ کو وقف کردینا ستائش کی تمنا اور صلہ کی پرواکئے بغیر خاموش طریقے سے مسلسل اور مستقل طور پر کام کئے جانا

پروفیسر صاحب کا امتیازی وصف رہا ہے۔

جناب پروفیسر سید علی اکبر کو میں نے پہلی بار اس وقت دیکھا تھا جب وہ مہتمم تعلیمات بلدہ کی حیثیت سے گورنمنٹ مڈل اسکول کاچی گوڑہ کے معائنہ کے لیے تشریف لائے تھے۔ مرحوم عبدالسلام خاں سابق انسپکٹر جنرل پولیس آندھرا پردیش کے والد جناب عبدالوہاب اس اسکول کے ہیڈ ماسٹر تھے۔ اسکول کی عمارت دو منزلہ اور ڈاکٹر عبدالغنی مرحوم کی ملکیت تھی۔ میں اُس وقت ساتویں جماعت کا طالب علم تھا۔ یہ سال تعلیمی ۳۷-۱۹۳۶ء یعنی آج سے کوئی (۴۵) سال قبل کی بات ہے۔

پچھلے ۴۵ سال میں اصول تعلیم، طریقۂ تعلیم و تدریس، نصاب تعلیم، طالب علم، استاد، صدر مدرس اور تعلیمات کے اعلیٰ عہدہ دار، حکومت کی مشنری کے ادنیٰ اور اعلیٰ کل پرزوں میں زبردست تبدیلیاں واقع ہوئیں۔ اور بعض نہایت افسوسناک قسم کے موڑ آئے۔ گزشتہ تین دہوں میں تعلیم کے میدان میں شکست و ریخت کی گرم بازاری زیادہ رہی۔ مثالی طالب علم اور مثالی استاد اب خال خال ہی نظر آتے ہیں۔ پروفیسر سید علی اکبر نے اس دور میں بھی فرائض کے ادا کرنے میں ہمیشہ اپنے اعلیٰ معیار کو قائم و برقرار رکھا۔ حالانکہ موجودہ فضا اور ماحول میں مستقل کرب و بے چینی اور گھٹن سی محسوس ہوتی ہے۔

تعلیمات کے اعلیٰ عہدہ دار کے کسی اسکول کے معائنہ کے لیے آنے کو ہماری طالب علمی کے دور میں بڑی اہمیت دی جاتی تھی۔ عہدہ دار تعلیمات بھی پوری دلچسپی اور انہماک سے اسکول کی ہر کلاس کا معائنہ کرتے، اور معائنہ کے بعد اپنی رپورٹ کی ایک کاپی لازمی طور پر اسکول کے صدر مدرس کے نام ارسال کرتے تاکہ وہ اپنے اسکول کے اساتذہ کی میٹنگ طلب کر کے، اس رپورٹ پر غور کرے اور رپورٹ میں تحریر کردہ ہدایتوں اور مشوروں پر خود عمل کرے اور تمام اساتذہ کو اس پر عمل کرنے کا پابند کروائے۔

ہمارے مڈل اسکول کے معائنہ کے سلسلے میں پروفیسر سید علی اکبر کے تشریف لانے کی اطلاع، ایک طالب علم کی حیثیت سے میں نے بھی سُنی۔ معائنہ کے یہ معنی تھے کہ طالب علم، استاد، صدر مدرس اور اسکول کے دفتر کا پورا عملہ تیار رہے۔ چنانچہ سبھوں نے اپنی

بس اما بھر تیاری شروع کردی۔ اسکول کی فضا میں ایک سنسنی سی دوڑ گئی۔ ہر طالب علم یہی سوچ رہا تھا کہ نہ جانے ہماری کلاس میں کس طالب علم سے سوالات پوچھے جائیں گے سوالات کس مضمون سے متعلق ہوں گے اور معائنہ کے وقت؛ ہماری کلاس میں کس مضمون کا پیریڈ چل رہا ہوگا۔ میں نے سوچا کہ تاریخ، جغرافیہ، شہریت، سائنس، دینیات داخلاقیات یا اردو جیسے مضامین میں سے کوئی مضمون ہو تو مجھے جوابات دینے میں سہولت اور دلچسپی ہوگی۔ دل ہی دل میں یہ دُعا بھی تھی کہ خدا کرے کہ ریاضی کا پیریڈ نہ ہو۔ کیونکہ اس میں اپنا ٹٹو اڑیل قسم کا تھا۔ بلکہ سچ پوچھئے تو چلتا ہی نہ تھا۔

ادھر اساتذہ کے چہرے سمندر کی سطح کے سکون کا منظر پیش کر رہے تھے اور وہ اپنے اپنے مضامین میں طلباء کو حتی المقدور تیار کر رہے تھے۔ باقاعدہ ریہرسل کا سلسلہ شروع ہوگیا۔ اس طرح معائنہ کی تاریخ کے آتے آتے، ہر جماعت میں تمام مضامین کا بڑی عمدگی اور سلیقہ سے اعادہ ہوتا رہا۔ طالب علموں میں مسابقت کے جذبہ نے زندگی کی لہر دوڑا دی۔ ان تیاریوں کے بعد ہر طالب علم کی یہ تمنا تھی کہ سوالات، سب سے پہلے اُسی سے شروع ہوں بشرط اجازت، جواب دینے میں پہل وہی کرے گا۔ اس طرح، اپنی کلاس، اپنے مدرسہ، اپنے استاد، اپنے صدر مدرس اور اپنے والدین یا سرپرست کا نام روشن کرے گا۔ ہر کلاس کے مانیٹر کے ذریعہ تمام مضامین کی ہوم ورک کی کاپیاں جمع کروا کے سلیقے سے رکھ دی گئیں بالآخر خدا خدا کر کے معائنہ کا دن اور وقت آن پہنچا۔ طالب علم صاف ستھرے لباس میں ٹائم ٹیبل (نظام الاوقات) کے مطابق کتابیں اپنے ہاتھوں میں تھامے ہوئے مقررہ وقت سے دس منٹ قبل اپنی اپنی جماعت میں حاضر تھے۔ پورے اسکول میں مکمل خاموشی تھی۔ البتہ سب کے دل، سینوں میں دھڑک رہے تھے معائنہ کی گھڑی گویا محشر کی گھڑی تھی اور ہم سب عرصۂ محشر میں تھے۔ اور ہمارے اعمال کے دفتر چند منٹ میں پیش کئے جانے والے تھے۔

بالآخر چپراسی نے اطلاع دی کہ پروفیسر سید علی اکبر صاحب تشریف لا چکے ہیں اور صدر مدرس صاحب کے اجلاس پر ہیں۔ پھر یہ اطلاع ملی کہ وہ صدر مدرس صاحب کے

ساتھ کلاسوں کے معائنہ کے لیے نکل چکے ہیں۔ ہماری طالب علمی کے دور کی یہ روایت تھی اور طلبا اسے اپنا فرض سمجھتے تھے کہ کلاس میں ٹیچر، صدر مدرس یا کوئی اعلیٰ عہدہ دار داخل ہوتو ادباً اور احتراماً کھڑے ہو جائیں۔ چنانچہ ہماری کلاس میں جیسے ہی صدر مدرس صاحب کے ساتھ جناب پروفیسر سید علی اکبر داخل ہوئے، ہم سب طلبا ایستادہ ہوگئے۔ اس کے بعد مہمانِ محترم نے ہم سب سے کہا کہ بیٹھ جائیے۔ طلبا بیٹھ گئے، معائنہ شروع ہوا۔ ہوم ورک کی کاپیاں دیکھی گئیں۔ مقررہ نصاب کے بارے میں متعلقہ مدرس صاحب سے سوالات کئے گئے۔ ختم شدہ اور ختم شدنی نصاب کی جانچ کی گئی۔ حاضری کا رجسٹر دیکھا گیا۔ ٹائم ٹیبل کے مطابق مضمون سے متعلق چند طلباء سے سوالات کئے گئے۔ پروفیسر سید علی اکبر کا پُر وقار اور سنجیدہ چہرہ ہم سب کی توجہ کا مرکز تھا۔ اب مجھے یہ یاد نہیں ہے کہ کس قسم کے سوالات کئے گئے۔ البتہ یہ ضرور یاد ہے کہ مجھ سے کوئی سوال پوچھا نہ گیا۔ مجھ جیسے بعض اور طالب علم تھے جو اضطراب و اشتیاق کے ساتھ سوالات کے منتظر رہے۔ معائنہ کے ختم ہونے تک تمام طالب علموں پر برزخ کی سی کیفیت طاری رہی۔ لیکن ہم سب کیلئے یہ بات باعث مسرت تھی کہ معائنہ اطمینان بخش رہا۔ اور معائنہ کنندہ عہدہ دار کی زبان سے تعریف و تحسین کے الفاظ سُننے کا ہمیں موقع ملا۔ اِن کے کلاس سے باہر تشریف لے جاتے ہی ہمارے مدرس صاحب نے طالب علموں کی ذہانت، مستعدی اور حاضر جوابی کی تعریف کی۔ اسکول کے معائنہ کے اختتام پر صدر مدرس صاحب کی طرف سے تعطیل کے اعلان نے تمام طلبا کی مسرت میں دوگنا اضافہ کر دیا۔

یہ ۴۵ سال قبل کی باتیں ہیں اور آج ایسی ہیں جیسے خواب کی باتیں۔ اب نہ وہ طالب علم ہے اور نہ وہ استاد، کس کس کا ماتم کریں اور کس کس کو روئیں اور کب تک؟

ہر روز کے رونے کو کہاں سے جگر آئے؟

تعلیم اب عام ہوگئی ہے حصول تعلیم کے سلسلے میں ہر طرح کی سہولتیں مہیا کرنیکے اعلانات ہوتے رہتے ہیں۔ لیکن تحصیلِ علم کا شوق، بازار کی کوئی جنس تو نہیں کہ اُسے خرید کر مہیا کر دیا جائے۔ جناب پروفیسر سید علی اکبر علم کا سرچشمہ ہیں۔ ان کی شخصیت آج کے طالب علم اور استاد کیلئے مینارۂ نور ہے۔ کاش! یہ مینارۂ نور طالب علم اور استاد سب کا مرکز نظر ہوجائے اور اکتسابِ فیض علم کا یہ خلوص خفیہ صحیح معنوں میں عام ہوجائے۔

(ماہنامہ سب رس حیدرآباد۔ پروفیسر سید علی اکبر نمبر، ستمبر و اکتوبر ۱۹۸۳ء)

کہاوتیں

زبان اظہارِ خیال کا ایک موثر ذریعہ اور کارگر آلہ ہے۔ روزمرہ کی ضرورتیں زبان ہی کے ذریعہ افراد اور اقوام کو ایک دوسرے سے قریب کرتی اور اُن کے دل میں میل ملاپ، بھائی چارگی کے جذبات کو پروان چڑھاتی اور سماجی شعور اور احساس کو بیدار کرتی ہیں۔ انسان کی شخصیت اور اس کا ماحول اس کی داخلی اور خارجی زندگی، اصل میں باہم کچھ اس طرح مربوط ہیں کہ ان کا ایک دوسرے سے متاثر ہونا ایک فطری بات ہے۔ لین دین اور رد و قبول کا یہ سلسلہ غیر شعوری طور پر ہمیشہ جاری رہتا ہے۔ زبانوں کا ارتقا اور ان کی ترویج و اشاعت بھی اسی رشتے سے منسلک ہے۔ آپس میں میل ملاپ اور ربط ضبط کا اثر انسان کے ذہن و دماغ خیالات و رجحانات کے علاوہ، اس کے اندازِ فکر، طرزِ گفتگو، رہن سہن، نشست و برخاست اور زندگی کے اہم معاملات اور مسائل کے بارے میں اس کے نقطۂ نظر پر بھی پڑتا ہے۔

رسم و رواج، عقائد و توہمات، اخلاقی، مذہبی اور اعلیٰ انسانی اقدار، تہذیب و تمدن، تعلیم و تربیت، حکمرانی کے اصول اور قوانین اور انسانوں کی پسند اور ناپسند اور ایسے ہی کئی اور امور، انسان کے خیالات اور تخیلات کی تشکیل اور تعمیر میں اپنا حصہ ادا کرتے ہیں۔

سماج میں کچھ ایسے انسان ہوتے ہیں جو اپنی آنکھیں بند کر کے زندگی گزارتے ہیں کچھ ایسے بھی جو آنکھیں کھول کر اپنے اطراف کی دُنیا کو دیکھتے اور اس کا اثر قبول کرتے یا اس پر اپنی شخصیت، کردار اور عمل کے گہرے نقوش ثبت کرتے ہیں۔ زندگی کے دھارے پر بہنا یا دھارے کے رُخ کو اپنی مرضی کے مطابق موڑنا، زیادہ تر انسان کے اپنے عزم و ارادہ اور اس کی جراءت ہمت اور استقلال پر منحصر ہوتا ہے۔ یہ ضروری نہیں ہے کہ زندگی کے تعلق سے دُنیا کے تمام انسانوں کے تجربات یکساں ہوں۔ سچ پوچھئے تو تجربات کی نیرنگیاں، زندگی کو پُرکیف اور پُرکشش بناتی ہیں اس کے علاوہ ایک ہی واقعہ کا اثر مختلف انسانوں کے احساس اور جذبے پر مختلف ہوسکتا ہے افراد کی طرح اقوام کا مزاج بھی ایک دوسرے سے مختلف ہوتا ہے لیکن اس کے باوجود، افراد اور اقوام کو آپس میں ایک دوسرے سے قریب کرنے والے امور کی بھی کمی نہیں۔ انسانوں اور قوموں کو آپس میں ملنساری، رواداری، محبت، اخلاق، شرافت، ہمدردی، غور وفکر، عفو و درگزر، صبر و ضبط، تحمل و برداشت اور حسنِ سلوک سے پیش آنے کے سلسلے میں اعلیٰ انسانی اور اخلاقی اقدار بڑا اہم رول ادا کرتے ہیں۔

دُنیا میں امن اور خوشحالی کے عام کرنے کے لئے اخلاقی اقدار کے عام کرنے کی ضرورت ہمیشہ محسوس کی گئی ہے ان لازوال قدروں کو اگر ان کی صحیح اسپرٹ میں سمجھنے اور انھیں روبعمل لانے کی کوشش کی جائے تو دِلوں کو جوڑنے اور انسانوں کو آپس میں حقیقی بھائیوں کی طرح متحد و متفق رہنے میں مدد دے سکتی ہیں۔

ان اعلیٰ اور ارفع مقاصد کی تکمیل کے لیے زبان ایک موثر ذریعہ کا کام کرتی ہے ہر قوم کی زبان و ادب کے قیمتی اور گراں قدر سرمایہ میں انسانیت، اخلاق اور مذہب کے اعلیٰ اصول موجود ہیں جو گمراہی کے اندھیرے میں بھٹکنے والوں کی رہبری کے لیے روشنی کے مینار کا کام دے سکتے ہیں۔

زبان وادب کے اس گراں قدر سرمایہ میں ضرب الامثال یا کہاوتیں بھی اپنا ایک اہم مقام رکھتی ہیں ۔ زندگی کے حقائق ان کہاوتوں کی بنیاد ہیں ۔ یہ کہاوتیں انسان کے گہرے مشاہدے اور اس کی زندگی کے خوش گوار یا ناخوشگوار تجربات کا نچوڑ ہوا کرتی ہیں بلکہ ایسا کوئی انسانی تجربہ نہیں ہے جسے کہاوتوں میں نہ سمویا گیا ہو ۔ کہاوتوں نے انسانی تجربات کا نہایت عمدہ طور پر احاطہ کیا ہے ۔ ان جاندار اور جان بخش کہاوتوں میں انسان کے کردار کی جھلکیاں نظر آتی ہیں ۔ وہ ایک ایسا آئینہ ہیں جس میں انسان اپنی صورت دیکھ سکتا ہے ۔ ان کی زبان سادہ اور سلیس لیکن دل میں اُتر جانے والی ہوتی ہے ۔

ہماری زبان اُردو میں ہزاروں کہاوتیں مقبولِ خواص وعوام ہوئی ہیں ۔ یہ کوئی نہیں جانتا کہ ان کا کہنے والا کون تھا ؟ قطعی طور پر یہ کہنا بھی بہت مشکل ہے کہ ہماری زبان میں جتنی کہاوتیں عام ہیں ، وہ سب کی سب ہماری ہی زبان بولنے والوں کی تخلیق ہیں یا کسی اور زبان سے آئی ہیں ۔ ہوسکتا ہے کہ وہ باہمی لین دین کے اصول پر دوسری زبانوں سے آئی ہوں ۔ لوک گیت عوام تک ہی رہے لیکن کہاوتیں ادیبوں تک بھی پہونچی ہیں اور یہ اُن کی تخلیقات میں محفوظ ہوگئی ہیں ۔ ان کہاوتوں میں انسان کا دِل بولتا ہے ۔ یہ کہاوتیں ایک نسل سے دوسری نسل تک سینہ بہ سینہ اور قیمتی ورثہ کی طرح منتقل ہوتی چلی آئی ہیں گویا اسلاف نے اپنی زندگی کے قیمتی تجربات سے فائدہ اٹھانے کا بعد کے آنے والوں کو ایک موقع فراہم کیا ہے ۔ اُن کے تجربات کی روشنی میں زندگی کے میدان میں پھونک پھونک کر قدم رکھنے میں ، بعد کی آنے والی نسلوں کو بے حد مدد ملتی ہے ۔ ثقافتی اور کلچرل تعلقات بھی کہاوتوں کو عام کرنے اور ایک ریاست سے دوسری ریاست ، ایک ملک سے دوسرے ملک اور ایک قوم سے دوسری قوم تک پہنچانے میں ممد و معاون ثابت ہوتے ہیں ۔

مختلف زبانوں کی ترویج واشاعت اور ان کی تحصیل بھی نئی کہاوتوں کے ڈھالنے اور موجودہ کہاوتوں کو ترجمے کی صورت میں دوسرے علاقوں اور دوسری زبانیں بولنے والوں تک پہونچانے میں مددگار ہوتی ہیں۔

اگر کوئی اردو بولنے والا فرانسیسی زبان سیکھے اور اس میں مہارت حاصل کرے تو یقیناً وہ اپنی زبان وادب میں فرانسیسی زبان میں بولی جانے والی کہاوتوں کو ترجمہ کی صورت میں منتقل کرنے کی کوشش کرسکتا ہے۔ بعض کہاوتوں کے الفاظ سے ان کی قدامت کا اندازہ لگایا جاسکتا ہے اور ان کے دور اور زمانے کا تعین بھی کیا جاسکتا ہے۔ کہاوت میں شخصی اور ذاتی تجربہ بھی ہوتا ہے جسے GENERALISE کر کے بیان کیا جاتا ہے وہ ایک شخص کا تجربہ ہونے کے باوجود سب انسانوں کا تجربہ ہوتا ہے۔ ایک شخص کے دل کی بات ہونے کے باوجود ہر سننے والا اسے سن کر بے ساختہ " یہ بھی میرے دل میں ہے!" کہہ اٹھتا ہے۔ کہاوتوں میں آپ بیتی کو جگ بیتی کی صورت میں پیش کیا جاتا ہے لیکن پیش کرنے کا انداز، ایجاز و اختصار کی وجہ سے بہت خوبصورت اور متاثر کن ہوجاتا ہے اسی لیے کہاوتیں کڑی کمان کے تیر ہوتی ہیں۔ انھیں سننے والا اچانک چونک پڑتا ہے۔ اختصار کی وجہ سے کہاوتیں جلد یاد بھی ہوجاتی ہیں اور پھر جب یہ اشعار میں جلوہ گر ہوتی ہیں تو ان کے حسن اور دلکشی میں کچھ اور اضافہ ہوجاتا ہے۔ ایسے اشعار جن میں کہاوتیں ہوتی ہیں۔ لوگوں کی زبان پر بہت جلد چڑھ جاتے ہیں۔ تلمیحوں کی طرح بعض کہاوتیں بھی قصہ طلب ہوتی ہیں ایسی کہاوتیں کسی خاص دور کے تاریخی، سیاسی یا سماجی واقعہ کی طرف صاف اشارہ ہوتی ہیں۔ اس طرح بعض کہاوتوں سے کہانیاں وابستہ ہوجاتی ہیں مختلف پیشے اختیار کرنے والے جیسے زراعت پیشہ لوگوں، ماہی گیروں، جہاز رانوں، گل فروشوں، عطر بنانے والوں میں ان کے پیشے کی مناسبت سے بعض کہاوتیں رواج پا جاتی ہیں۔ کہاوتیں بالکل مقامی نوعیت کی بھی ہوتی ہیں اور بعض کا دائرۂ اثر اتنا وسیع، شگفتہ ہوتا ہے کہ وہ زمان و مکان

کی قید سے آزاد ہوتی ہیں۔ یعنی ہر دَور اور ہر زمانے میں تازہ اور شگفتہ، جاندار اور پُر تاثیر ہوتی ہیں اور دنیا کی کئی زبانوں میں ملتی ہیں۔ امتدادِ زمانہ کا اُن پر کوئی اثر نہیں ہوتا۔ بہت سی نئی کہاوتیں، پُرانی کہاوتوں کی بُنیاد پر بھی بنتی اور عام ہوتی ہیں۔ ان کہاوتوں کے خالق عوام کے علاوہ اسکالرس اور اعلیٰ تعلیم یافتہ طبقہ کے افراد بھی ہوتے ہیں۔ ان کی زبانوں سے نکل کر دہ عوام تک پہونچتی اور پھر اپنی زبان بولنے والوں میں مقبول ہوجاتی ہیں۔

بعض ناولوں اور ڈراموں کے کرداروں کی غیر معمولی عجیب وغریب یا مضحکہ خیز خصوصیتیں بھی کہاوتوں کو جنم دیتی ہیں۔ لوک گیتوں سے بھی کئی کہاوتیں عام بول چال کی زبان میں آجاتی ہیں ایسی کہاوتوں سے عام لوگوں کے رسم ورواج اور توہمات کا بھی اندازہ ہوتا ہے۔ سماج کے بگڑے ہُوے اور بے راہ روی اختیار کرنے والے افراد کو راہ راست پر لانے کےلیے بعض وقت کہاوتیں اہم حصہ ادا کرتی ہیں۔ ایک کہاوت اپنی اثر انگیزی کی خصوصیت کی بدولت کسی شخص کے سوچنے سمجھنے کے طریقے کو یکسر بدل دینے کی صلاحیت بھی رکھتی ہے۔ اَن پڑھ لوگوں میں تو جھگڑوں کے طے کرنے اور کسی معاملے کو سمجھنے اور سمجھانے کے لیے کہاوتیں رہنما کا کام کرتی ہیں۔ کہاوت کے استعمال سے پیچیدہ سے پیچیدہ بات بھی صحیح طور پر اور فوراً سمجھ میں آسکتی ہے خیالات کے بدلنے میں کسی زبان کے اعلیٰ ادب میں جتنی تاثیر ہوتی ہے اتنی ہی تاثیر اچھی اور معیاری کہاوتوں میں ہوتی ہے۔

کہاوتیں، ذہنوں اور زندگی کے دھارے کو یکسر بدلنے کی قوت وطاقت بھی رکھتی ہیں بعض کہاوتیں تو قافیہ وردیف، اور موسیقیت کی بدولت ناقابلِ فراموش ہوجاتی ہیں اور سننے یا پڑھنے والوں کے ذہنوں اور دلوں پر خیال ومعنیٰ کا گہرا نقش بٹھاتی ہیں۔

ان کہاوتوں میں معمولی پڑھے لکھے لوگوں کے لیے ادبی ذوق کی تسکین کا سامان بھی ہوتا ہے۔ کہاوتیں افراد کو ذہنی انتشار اور اخلاقی بحران سے بچانے کا بھی ایک موثر ذریعہ ہیں۔ اگر انھیں سائنٹفک اور علمی انداز میں سلیقے سے عام کیا جائے تو یہ سماج میں پھیلے ہوئے

تہذیبی انتشار کو بھی دُور کر سکتی اور اس کے شیرازے کو بکھرنے سے بچا سکتی ہیں اس طرح سماج کا ارتقاء صحیح خطوط پر ممکن ہو سکتا ہے۔ کہاوتوں میں زبان کا عرق یا نچوڑ ہوتا ہے۔ معیاری اعلیٰ اور پاکیزہ کہاوتیں قوم کی روح ہیں۔ کہاوتیں قوم کے چہرے کو پیش کرتی ہیں اور وہ قومی احساسات اور طرزِ فکر کا مرقع ہوتی ہیں۔ ان کی سب سے بڑی خوبی اُن کا اختصار ہے۔ ان میں الفاظ کی نشست بھی بہت خاص ہوتی ہے جو سونے پر سہاگہ کا کام کرتی ہے اسی وجہ سے وہ عام لوگوں کی زبانوں پر بہت جلد اور بآسانی چڑھ جاتی ہیں۔ کتنے ہی خالص دیسی اور مقامی الفاظ کہاوتوں کی بدولت عام ہوئے اور بہت دوُر دوُر تک پہونچے ہیں۔ ڈکشنری مرتب کرنے والوں کو لوک گیتوں کے علاوہ کہاوتوں سے بھی بڑی مدد مل سکتی ہے۔

زبانوں میں باہمی لین دین کا اصول کارفرما رہتا ہے۔ جس زمانے میں تلگو بولنے والے علاقوں میں فارسی اور اُردو کا چلن رہا۔ فارسی، اردو اور تلگو کے بولنے والوں کے آپسی ربط ضبط اور میل ملاپ کی بدولت اُردو کے بہت سے الفاظ اور کہاوتیں تلگو میں رواج پائیں اور اسی طرح تلگو کے الفاظ اور کہاوتیں ہماری زبان اُردو میں بھی غیر شعوری طور پر استعمال میں آنے لگیں۔ تلگو پر اُردو اور فارسی کے اثرات کے زیرِ عنوان ڈاکٹر کے گوپال کرشنا راؤ کی ایک کتاب تلگو میں شایع ہو چکی ہے۔ اسی طرح تلگو کہاوتوں پر مشتمل کتابیں بھی شایع ہوئی ہیں جن میں آندھرا پردیش ساہتیہ اکیڈمی کی طرف سے شایع کردہ کتاب "تلگو سامتولو" قابلِ ذکر ہے۔ اس کتاب کی اہمیت و افادیت کا اندازہ اس امر سے ہو سکتا ہے کہ وہ علمی و ادبی حلقوں میں بے حد مقبول ہوئی۔ اس قابلِ قدر کتاب کے چیف ایڈیٹر تلگو زبان کے بے حد مشہور و مقبول اور ۱۹۷۰ء کا بھارتیہ گیان پیٹھ انعام پانے والے شاعر کوی سمراٹ (شاعرِ اعظم) شری وشوا ناتھ ستیہ نارائینا ہیں۔ تلگو میں کہاوتیں جمع کرنے والوں میں مسٹر پربھاکر شاستری اور مسٹر نے ٹوری گنگا دھرم بھی قابلِ ذکر ہیں۔

اردو میں بھی کہاوتوں کے مجموعے کتابی صورت میں موجود ہیں جن میں نجم الامثال فرہنگ امثال، محاوراتِ ہند، ہندوستانی مخزن المحاورات اور خزینۃ الامثال قابلِ ذکر ہیں۔ ان کتابوں میں جو کہاوتیں درج ہیں۔ ان کے دیکھنے سے اندازہ ہوتا ہے کہ وہ کئی زبانوں سے آئی ہیں۔ زبان و ادب اور افراد و سماج کی زندگی اور اس کے صحت مند اور متوازن ارتقاء کے سلسلے میں کہاوتوں کی اہمیت و افادیت مسلمہ ہے۔ یہ بھی ایک حقیقت ہے کہ لوگوں کے آپسی ربط و ضبط کی بدولت مختلف زبانوں میں الفاظ اور کہاوتوں کا باہمی لین دین ہوتا ہے لیکن یہ بات قطعی طور پر نہیں کہی جاسکتی کہ کہاوتوں کے خالق کون کون ہیں۔ کون کون سی کہاوتیں صرف ہماری زبان ہی کی تخلیق ہیں۔ اور کون کون سی کہاوتیں دوسری زبانوں سے ترجمہ کی صورت میں آئی ہیں۔

ہوسکتا ہے کہ ایک ہی خیال کی حامل کہاوتیں مختلف زبانوں میں خود بخود رواج پا گئی ہوں اور انھیں دوسری زبانوں سے ترجمہ کے ذریعہ نہ لایا گیا ہو۔ تلگو اور اُردو میں ایک ہی مفہوم اور مطلب رکھنے والی کہاوتیں بھی موجود ہیں اور اُردو کی کہاوتوں کے مطالعہ کے بعد یہ بات کہی جاسکتی ہے کہ اس زبان میں عربی، فارسی، پنجابی اور ہندی کی طرح تلگو سے بھی بیسیوں کہاوتیں آئی ہیں۔ ■■

("پونم" ماہ فروری ۱۹۸۲ء)

ہندوستانی قومیت کے رہبر

ڈاکٹر راجندر پرشاد

ڈاکٹر راجندر پرشاد کے بارے میں ایک مرتبہ مسز سروجنی نائیڈو نے کہا تھا کہ "راجن بابو کے متعلق کچھ لکھنا ہو تو سونے کے قلم کو شہد میں ڈبو کر لکھنا چاہیئے۔" جس شخص نے بھی راجندر پرشاد کو قریب سے دیکھا ہے' ان سے ملاقات کی ہے' انھیں سماج کے لئے' ملک اور قوم کے لئے' عام انسان کے فائدے' اس کی بھلائی' بہتری اور خوشحالی کے لئے جدوجہد کرتے ہوئے دیکھا یا ان کے ساتھ چند روز کام کیا ہے وہ بلا کسی پس و پیش کے مسز نائیڈو کے اس خیال کی پُرزور تائید کرے گا۔

ڈاکٹر راجندر پرشاد کی دلوں کو موہ لینے والی پیار بھری شخصیت' امیر غریب' چھوٹے بڑے' ہر فرقے' اور ہر مذہب کے لوگوں کے ساتھ ان کا یکساں ہمدردانہ اور پُرخلوص برتاؤ' ان کا ایثار' ان کی بے غرضی اور بے نفسی ان کی زندگی کی سادگی اور ان کے جذبۂ انسانیت نے انھیں ہر ایک کی نگاہ میں محترم اور معزز بنا دیا تھا۔ یہ ان کی انکساری اور خاکساری تھی کہ بہت بڑے انسان ہونے کے باوجود کبھی بھی انھوں نے اپنے آپ کو بڑا نہیں سمجھا۔ عالی شان بنگلوں اور محلوں کی عیش و آرام کی زندگی کے مقابلے میں انھیں ٹیگور' دوستی اور سنت کی طرح جھونپڑیوں کی سادہ زندگی دل سے پسند تھی۔

صدر جمہوریہ کی حیثیت سے بھی انھیں سرکاری تقریبوں کے سوا درویشوں کی سی سادہ زندگی گزارتے ہوئے دیکھ کر کسی نے کہا تھا کہ "ایک عالیشان محل میں ایک درویش اور فقیر رہتا ہے۔" ۱۲ رمئی ۱۹۶۲ء کو صدارت جمہوریہ ہند کے اعلیٰ ترین عہدہ سے سبکدوش ہوتے ہوئے انھوں نے کہا تھا کہ مجھے ایک چھوٹی سی جھونپڑی میں زندگی گزارنے میں کوئی تامل نہیں ہوگا کیوں کہ میرے دل میں کبھی بھی محل میں رہنے کی خواہش پیدا نہیں ہوئی۔ ایک مرتبہ ایک دوست نے ان سے سوال کیا تھا کہ جیل میں رہنے کے بعد راشٹرپتی بھون کی زندگی کیسی محسوس ہو رہی ہے؟ انھوں نے یہ جواب دیا تھا کہ جیل میں کئی لوگ میرے ساتھ ایک بیرک میں رہتے تھے اور صرف ایک سنتری باہر پہرہ دیتا تھا لیکن اب راشٹرپتی بھون میں میں تنہا رہتا ہوں اور باہر کئی لوگ کھڑے ہوئے مجھے دیکھ رہے ہیں۔ جس طرح مدارس کے بند ہو جانے پر چھٹیاں ملتی ہیں، اور بچے چھٹی کے خیال سے ہی خوش ہونے لگتے ہیں اسی طرح صدر جمہوریہ کا عہدہ چھوڑتے ہوئے وہ بے حد خوش تھے کہ اب انھیں صحیح معنوں میں آزادی کی فضا میں سانس لینے کا موقع مل سکے گا۔

راجندر پرشاد نے شروع ہی سے اپنے ذاتی آرام کا کبھی خیال نہیں رکھا۔ آرام و آسائش کی زندگی سے بے پروائی اور بے نیازی کا یہ جذبہ ان کے دل میں جد و جہد آزادی کے ابتدائی دنوں ہی سے موجود تھا۔ ایک مرتبہ وہ رات میں دیر گئے الہ آباد پہنچے۔ تانگہ میں بیٹھ کر آنند بھون تشریف لائے۔ چاہتے تو پنڈت موتی لال نہرو یا کسی اور بڑے قائد کو جگا سکتے تھے لیکن انہوں نے سخت سردی کے باوجود خاموشی سے آنند بھون کے ورانڈے

ہی میں سو جانا پسند کیا۔ ان کے مزاج کی یہی سادگی اور شرافت تھی کہ جس کی بدولت ہر شخص ان سے محبت کرتا اور ان کی عزت کرتا تھا۔ گاندھی جی نے انھیں "اجاتشترو" کہا تھا یعنی ایک ایسا انسان جس کا کوئی دشمن نہ ہو، بھی چاہنے والے ہوں۔

راجن بابو میں گاندھی جی کے بہت سے اوصاف پائے جاتے تھے گاندھی جی کی طرح وہ بھی انتہائی مذہبی آدمی تھے۔ ان میں گاندھی جی کی طرح وسیع النظری، رواداری، اور بے غرض کام کرنے کی عادت تھی۔ وہ گاندھی جی کے سچے پیرو اور ان کے فریفتہ اور دیوانہ تھے۔ اسی بنا پر موتی لال نہرو نے انھیں "گاندھی جی کے سو فیصد چیلے" کہا تھا۔ گاندھی جی نے ایک موقع پر ان کی طرف اشارہ کرتے ہوئے کہا تھا کہ "کم سے کم ایک آدمی تو ہندوستان میں ایسا ہے جسے میں زہر بھی پینے کو کہوں تو بلا پس و پیش پی جائے۔"

گاندھی جی کی تعلیمات کی دل سے پیروی کرنے والا درویش صفت انسان اور ہندوستانی قومیت کا یہ قابل فخر رہبر ضلع سارن (بہار) کے موضع زیرادئی میں ۳ر دسمبر ۱۸۸۴ء کو پیدا ہوا۔ راجن بابو کے والد منشی مہادیو سہائے ضلع کے معززین اور متوسط طبقے کے زمینداروں میں شمار کیے جاتے تھے۔

راجندر پرشاد کی ابتدائی تعلیم اسی زمانے کے دستور کے مطابق گھر پر ہوئی۔ مکتبی تعلیم کا آغاز چھپرہ اسکول میں ہوا۔ سخت محنت، گہری دلچسپی اعلیٰ ذہانت اور تحصیل علم کے زبردست شوق کی بدولت وہ انٹرنس سے ایم اے تک ہر امتحان میں بدرجہ اول کامیاب ہوئے۔ انھوں نے

قانون کی اعلیٰ تعلیم بھی حاصل کی۔ پیشہ وکالت میں تھوڑے ہی عرصے میں وہ کمال پیدا کیا کہ ان کی شہرت دور دور پھیل گئی۔ راجندر پرشاد نے گاندھی جی کو سب سے پہلے کانگریس کے لکھنؤ اجلاس میں دور سے دیکھا تھا لیکن چمپارن مارچ کے سلسلے میں انھیں گاندھی جی سے ملنے اور ان سے بات چیت کرنے کا موقع ملا۔ ان ملاقاتوں ہی میں گاندھی جی، راجندر پرشاد کی غیر معمولی قانونی صلاحیتوں سے واقف ہوئے۔

اس سے بہت پہلے یعنی سنہ ۱۹۰۸ء میں راجندر پرشاد نے مظفر پور کے گریر کالج میں انگریزی کے پروفیسر کی حیثیت سے کام کیا۔ اس کے بعد وہ کلکتہ کے سٹی کالج میں معاشیات کے پروفیسر مقرر ہوئے۔ سنہ ۱۹۱۱ء میں راجندر پرشاد نے کلکتہ ہائی کورٹ میں پریکٹس شروع کی۔ سنہ ۱۹۱۵ء میں ایل ایل ایم کا امتحان درجہ اول میں کامیاب کیا۔ پھر کلکتہ میں قانون کے پروفیسر ہو گئے۔ مارچ سنہ ۱۹۱۶ء تک وہ کلکتہ میں رہے۔ اس کے بعد جب پٹنہ میں ہائی کورٹ قائم ہوا تو وہاں چلے گئے۔ پٹنہ میں یونیورسٹی کی سینٹ اور سنڈیکیٹ کے رکن بنائے گئے۔ بہار کے اس صدر مقام میں اپنے قیام کے زمانے میں جب بھی ضرورت ہوئی انھوں نے عوام کے حقوق اور مطالبات کی موثر انداز میں وکالت کی اور ظلم اور ناانصافی کے خلاف مستعدی اور جرات کے ساتھ آواز بلند کی۔ فیس اور کورس میں کمی اور علاقائی زبانوں میں تعلیم کے بارے میں انھوں نے بعض تجویزیں پیش کی تھیں۔

سنہ ۱۹۱۶ء سے سنہ ۱۹۲۲ء تک اہم سیاسی واقعات اور قومی تحریکات نے ملک کے ایک سرے سے دوسرے سرے تک بیداری کی

ایک لہر دوڑا دی۔ حب الوطنی کے جذبات جیسے ہر طرف جاگ اٹھے۔
آزادی کا نشہ روز بروز تیز سے تیز تر ہونے لگا۔ ادھر آزادی کے
حاصل کرنے کے لئے لوگوں کا جوش و خروش طوفان کی صورت میں بڑھ
رہا تھا اور ادھر آزادی کے اس جذبے کو کچلنے کے لئے برطانوی حکومت
کی سختیاں آئے دن بڑھتی ہی چلی جا رہی تھیں۔

سنہ ۱۹۳۴ء میں بہار کے زلزلے نے ایک قیامت برپا کر دی
راجندر پرشاد نے مصیبت زدہ لوگوں کی ہر طرح خدمت کی۔
سنہ ۱۹۴۵ء تک ہندوستان کی سیاسی زندگی میں بہت تیزی سے تبدیلیاں
ہوئیں۔ اس عرصے میں دوسرے عوامی قایدین کے ساتھ راجندر پرشاد
بھی کئی مرتبہ گرفتار ہوئے اور جیل میں بند کئے گئے لیکن انگریز اب محسوس
کرنے لگے تھے کہ ہندوستان میں ان کی حکومت کچھ زیادہ دنوں تک
چل نہیں سکے گی۔ راجندر پرشاد نے آزادیٔ وطن کی خاطر جیل کی سختیاں
سہیں، پولیس کے مظالم برداشت کئے لیکن کانگریس کے نصب العین،
مکمل آزادی کو پیشِ نظر رکھا۔ ہر طرح کی رکاوٹوں اور مصیبتوں کے باوجود
اس مطالبے کی شدت میں کوئی کمی نہیں آنے پائی۔ آخری مرتبہ اگست
سنہ ۱۹۴۲ء میں "ہندوستان چھوڑ دو" تحریک کے سلسلے میں گرفتار کیا گیا۔
سنہ ۱۹۴۵ء میں وہ قید سے رہا کئے گئے۔ اپنی سیاسی زندگی کے آغاز سے
سنہ ۱۹۴۷ء تک وہ کانگریس کے چار مرتبہ صدر منتخب ہوئے۔ سنہ ۱۹۴۶ء
میں عارضی حکومت میں وزیر اغذیہ و وزیر زراعت مقرر ہوئے۔ دسمبر
سنہ ۱۹۴۶ء میں دستور ساز اسمبلی کے صدر منتخب کئے گئے۔ آزاد ہندوستان
کے لئے ان کی نگرانی اور رہنمائی میں دستور تیار کیا گیا۔ یہ راجندر پرشاد کا

شاندار اور لائق تحسین کارنامہ تھا۔

۱۵ر اگست ۱۹۴۷ء کو ہندوستان آزاد ہوا۔ پھر جب ۲۶ جنوری ۱۹۵۰ء کو ہمارا ملک جمہوریہ بنا تو راجندر پرشاد اس کے پہلے صدر منتخب ہوئے۔ ۱۹۵۲ء اور ۱۹۵۷ء کے انتخابات ہوئے اور راجن بابو ہی صدر جمہوریہ کی حیثیت سے منتخب کئے گئے۔ اس طرح مسلسل بارہ سال تک نہایت خوش اسلوبی اور کامیابی کے ساتھ صدارت کے فرائض انجام دینے کے بعد ۱۲ر مئی ۱۹۶۲ء کو وہ اس اعلیٰ عہدے سے سبکدوش ہوئے اور پٹنہ کے ممتاز وکیل اور اپنے پرانے ساتھی مولانا مظہر الحق کے قائم کئے ہوئے "صداقت آشرم" میں واپس تشریف لائے اور آخر وقت تک وہیں مقیم رہے۔

۲۸ر فروری ۱۹۶۳ء کو جب ان کا انتقال ہوا تو ان کی عمر تقریباً ۷۶ برس تھی۔

(بہ شکریہ آل انڈیا ریڈیو، حیدرآباد)

ہندوستانی قومیت کے رہبر

ڈاکٹر مختار احمد انصاری

دنیا کے اور ممالک کی طرح ہندوستان میں بھی تاریخ کے ہر دور میں عظیم شخصیتیں پیدا ہوئی ہیں۔ آزادی سے پہلے جب کہ ہمارا ملک سیاسی غلامی، معاشی پستی اور سماجی برائیوں میں مبتلا تھا، چند ایسی قابلِ فخر ہستیوں نے جنم لیا جنھوں نے ہندوستانی قومیت، سیاسی آزادی، اتحاد اور یکجہتی کی اہم تحریکوں کو اپنے بے مثال خلوص، بے نظیر ایثار، یادگار اور ان تھک کوششوں سے بڑے جوش و خروش کے ساتھ آگے بڑھایا۔

انہی لائقِ احترام، محبِ وطن قومی رہنماؤں کی سخت محنت اور جانفشانی کا نتیجہ ہے کہ آج ہم سب آزادی کی برکتوں سے مستفید ہو رہے ہیں۔ یہ واقعہ ہے کہ آج کی نئی پود جدوجہد آزادی کے دور میں صبر آزما اور ہمت شکن مشکلات اور آزمائشوں کا اندازہ نہیں کر سکتی جن کا ہندوستانی قوم کی گزشتہ نسل کو سامنا کرنا پڑا تھا۔ یوں سمجھیے کہ آزادی کی راہ میں پیچ پیچ ایک آگ کا دریا حائل تھا جسے پار کرنا کوئی آسان کام نہیں تھا۔ صفِ اول کے ان قومی رہنماؤں میں جن کے دل آزادی کے بے پناہ جذبے سے معمور اور سرشار تھے اور

جن کے عزم وارادہ کے آگے رکاوٹوں کے پہاڑ پانی ہو کر بہہ گئے "ڈاکٹر مختار احمد انصاری ممتاز حیثیت کے حامل تھے۔

ڈاکٹر انصاری ۱۸۸۰ء میں یو۔ پی کے ایک موضع یوسف پور میں پیدا ہوئے۔ وہ لقمان الملک حکیم عبدالوہاب عرف حکیم نابینا کے چھوٹے بھائی تھے۔ انصاریوں کے گھرانے میں پیدا ہونے والے اس بچہ کی ابتدائی تعلیم اسی موضع کے وسطانیہ اسکول میں ہوئی۔ ڈاکٹر انصاری نے نظام کالج حیدر آباد سے بی اے کامیاب کیا۔ مدراس میڈیکل کالج سے طب کی ڈگری لی۔ اعلیٰ امتیازی قابلیت اور ذہانت کی بناء پر طالب علمی کے زمانے میں ڈاکٹر انصاری ہمیشہ تعلیمی وظیفہ حاصل کرتے رہے۔ ۱۹۱۰ء میں ایڈنبرا سے ایم۔ڈی کی ڈگری لینے کے بعد لندن کے مشہور ہسپتال چیرنگ کراس ہاسپٹل میں ریزیڈنٹ سرجن کی حیثیت سے ان کا تقرر عمل میں آیا۔ انگریز ڈاکٹروں کو ان کا یہہ تقرر کھلنے لگا۔ لندن کے بعض اخبارات نے بھی مخالفت شروع کی۔

ایک اخبار نے نوجوان انگریز ڈاکٹروں سے انصاف کے نام پر اس تقرر کے خلاف اداریہ بھی لکھا لیکن چیرنگ کراس ہاسپٹل کی گورننگ کونسل کا چیرمن گوہر شناس تھا۔ اس نے اس شور و غوغا کے جواب میں سرکاری بیان جاری کروایا کہ ڈاکٹر انصاری کا تقرر محض قابلیت کی بناء پر کیا گیا ہے اور برطانوی ہسپتالوں کے لئے یہہ امر نہایت افسوسناک ہوگا اگر قابلیت کے معیار کے سوائے کوئی اور معیار پیش نظر رکھا جائے۔

اپنے بلند کردار اور اعلیٰ اوصاف کی وجہ سے ڈاکٹر انصاری بہت

جلد اس اسپتال کے مریضوں اور ہم پیشہ ساتھی ڈاکٹروں میں ہر دل عزیز ہو گئے۔

آدمی خواہ دنیا کے کسی حصے میں چلا جائے۔ ٹھوس علمی قابلیت، سخت محنت، فرض شناسی، نیک نفسی، فن ، ماہرانہ عبور اور پیشے سے گہری دلچسپی ایسی خصوصیات ہیں جن کی بدولت وہ ہر جگہ دیر سے ہی سہی قدر و منزلت کی نگاہوں سے بہر حال دیکھا جاتا ہے اور دنیا والے بالآخر اس کی اعلیٰ صلاحیتوں کا لوہا مان لیتے ہیں۔ مخالف تھوڑے ہی دنوں میں مخالفت بھول جاتے اور دل سے اسکی قدر کرنے لگتے ہیں۔ نئی نسل کا فرض ہیکہ دنیا کو اپنی مٹھی میں کرنے کے اس ہنر کو اپنانے کی کوشش کرے تاکہ والدین، اساتذہ، قوم اور ملک کے افراد، ان پر آئندہ اسی طرح فخر کریں جیسے آج ہم سب ڈاکٹر انصاری پر کرتے ہیں۔

حکیم اجمل خاں سے ڈاکٹر انصاری کی پہلی ملاقات ڈاکٹر صاحبزادہ سعید الظفر خاں کے توسط سے لندن کے اسی چیرنگ کراس ہاسپٹل میں ہوئی۔ یہہ ملاقات اگرچہ بہت سرسری اور رواداری میں ہوئی تھی لیکن سرسری ملاقات کے اس بیج نے آگے چل کر دوستی، خلوص اور محبت کے تناور اور سدا بہار درخت کی صورت اختیار کی اور ہندوستان کی سیاسی تاریخ کے صفحات پر حکیم اجمل خاں اور ڈاکٹر انصاری کے نام لازم و ملزوم کی طرح ساتھ ساتھ نظر آنے لگے۔ لندن سے ۱۹۱۱ء میں واپسی کے بعد ڈاکٹر انصاری نے دلی میں فتحپوری پر اپنا ایک ہسپتال کھولا۔ وہ اپنے فن میں غیر معمولی مہارت رکھتے تھے۔ چنانچہ فزیشن اور سرجن دونوں حیثیتوں سے انھوں نے خوب نام پیدا کیا اور چونکہ وہ سراپا انسانیت اور پیکرِ اخلاق

بھی تھے اس لیے تھوڑے ہی دنوں میں ان کی مقبولیت اور شہرت کے جیسے پر لگ گئے۔

۱۹۱۲ء میں جنگ بلقان میں انھوں نے ہندوستان کے طبی وفد کی قیادت کی۔ ڈاکٹر انصاری کی زیر نگرانی اس وفد نے جو مولانا محمد علی ظفر علی خاں، ڈاکٹر نعیم انصاری، حافظ محمد یوسف انصاری، عبدالرحمن سندھی، شعیب قریشی وغیرہ جیسی زبردست اور نمایندہ شخصیتوں پر مشتمل تھا، بے لوث اور لائق تحسین خدمات انجام دیں۔ اس کے بعد ہی ہندوستان اور ترکی ایک دوسرے سے بہت قریب ہو گئے۔ بلکہ یہ کہا جاسکتا ہے کہ ترکی ہی سے نہیں بلکہ دوسرے بیرونی ممالک سے بھی دوستی اور محبت کے دروازے کھل گئے۔ اب تک بیرونی دنیا سے ہندوستان کا تعلق، سیاسی غلامی کی وجہ سے نہ ہونے کے برابر تھا۔ انصاری وفد نے دوسری قوموں سے ربط ضبط کی راہیں پیدا کیں۔ بین الاقوامی تعلقات کا یہ خوشگوار آغاز ڈاکٹر انصاری کی کوششوں کا رہین منت تھا۔ اس کی بدولت غیر ممالک نے ہندوستان کے واقعات سے اور ہندوستان والوں نے بیرونی ممالک کے حالات سے دلچسپی لینی شروع کی۔ ترکی میں بیحد مقبولیت اور ہندوستانی عوام کی اس وفد کے کام سے گہری دلچسپی اور عملی ہمدردی کی بدولت ڈاکٹر انصاری کو ہر جگہ سراہا جانے لگا۔ اس طرح آیندہ ہندوستان کے سماجی اور سیاسی میدان میں ان کی لیڈرشپ مسلم ہو گئی۔ ڈاکٹر انصاری کا یہ نیم سماجی اور نیم سیاسی اقدام نہایت کامیاب اقدام تھا۔ جس نے ہندوستانیوں کے دلوں پر ان کی ہر دلعزیز شخصیت کے گہرے اور انمٹ نقوش چھوڑے۔

۴ر جولائی ۱۹۱۳ء کو انصاری وفد واپس آیا تو علامہ شبلی نے اپنی ایک نظم کے ذریعہ اس کا خیر مقدم فرمایا۔ اس نظم کے دو شعر ہیں :-

ادا کرتے ہیں ہم شکر جناب حضرت باری
کہ آئے خیریت سے ممبرانِ وفدِ انصاری

عجب کیا ہے یہ بیڑا غرق ہو کر پھر اُبھر آئے
کہ ہم نے انقلاب چرخ گردوں یوں ہی دیکھے ہیں

ڈاکٹر انصاری نے دہلی میں ایک میڈیکل اسوسی ایشن قائم فرمائی۔ ڈاکٹر عطر چند ریٹائرڈ سیول سرجن اس کے صدر چُنے گئے۔ اس اسوسی ایشن کی بدولت ڈاکٹروں میں باہمی دوستی اور محبت کی بنیادیں مضبوط ہوئیں۔ ملنے ملانے کے مواقع میسر آنے کی وجہ سے ذہنی طور پر وہ ایک دوسرے سے رفتہ رفتہ قریب ہوتے گئے۔ لارڈ ہارڈنگ کے اسٹاف سرجن کرنل رابنس بھی اسوسی ایشن کے اجلاسوں میں شریک ہوا کرتے بلکہ اس کی سرگرمیوں میں نمایاں حصہ لیا کرتے تھے۔

ان دنوں عوام کے دلوں پر حکومت کا خوف و ہراس اس درجہ چھایا ہوا تھا کہ ۱۹۱۵ء کے اوائل میں جب علی برادران (مولانا محمد علی مولانا شوکت علی) گرفتار کئے گئے تو چند روز تک کہیں بھی کوئی احتجاجی جلسہ منعقد نہیں کیا جا سکا۔ بالآخر ایک صاحب نے اپنے گھر پر جلسہ کا انتظام کیا۔ ڈاکٹر انصاری نے اس اجلاس کی صدارت کی اور حکومت کے اس اقدام کی مذمت کرتے ہوئے علی برادران کی فوری رہائی کا مطالبہ کیا۔

ہندوستان کے سیاسی اُفق پر مایوسی اور نااُمیدی کے بادل دکھائی دینے لگتے تو ڈاکٹر انصاری کے جوش عمل میں روز افزوں اضافہ ہوتا۔ وہ ہندو مسلم اتحاد اور تحریکِ خلافت کے آگے بڑھانے میں پوری سرگرمی سے حصّہ لیتے۔ ان مقاصد کے حصول کے لئے وہ بڑی خوشی سے اپنا وقت اور روپیہ لُٹاتے۔ ان کا عزم آہنی تھا۔ ہندوؤں اور مسلمانوں میں پریم ومحبت کے رشتہ کو استوار کرنے کی خاطر انھوں نے اپنا تن، من، دھن اور جیون وقف کر دیا۔ آخر عمر تک وہ یہہ کام لگن سے کرتے رہے۔ انھیں اس کام کے کرنے میں تکلیف بھی اٹھانی پڑی لیکن انھوں نے ہر تکلیف کو بڑی خندہ پیشانی سے برداشت کیا اور کبھی ہمت نہ ہاری۔ ملک کی آزادی کی جدوجہد میں ان کے کام ہمیشہ یاد رکھے جائیں گے۔

سنہ ۱۹۶۳ء میں ۹ اور ۱۰ رمئی کی درمیانی رات کو کوئی ۲ بجے ہندوستانی قومیت کے اس قابل فخر رہبر نے انتقال فرمایا۔

خوش قسمت ہیں وہ لوگ جنھوں نے ڈاکٹر انصاری کو دیکھا اور خوش قسمت ہیں وہ جو اُن کے کارناموں کو پڑھیں گے اور اُن کے نقشِ قدم پر چل کر انھیں کی طرح بڑے کام کریں گے۔

(بہ شکریہ آل انڈیا ریڈیو، حیدرآباد)

{ماہنامہ رفتارِ زمانہ، حیدرآباد)
جلد ۲ شمارہ ۷ بابت جولائی ۱۹۶۳ء}

زندگی — غالب کی نظر میں

یہ تو ایک حقیقت ہے کہ شاعر کوئی مافوق الفطرت ہستی نہیں ہوتا بلکہ وہ ہمارے ہی سماج کا ایک فرد ہوتا ہے لیکن چونکہ اس کی طبیعت عام لوگوں سے زیادہ حساس ہوتی ہے اور اس میں فطری طور پر یہ صلاحیت ہوتی ہے کہ کسی واقعہ سے متاثر ہو کر اسے شعر کے سانچے میں ڈھالے۔ اسی لیے وہ ہر اس جذبے کو جو انسانی دل میں پیدا ہو سکتا ہے صحیح طور پر پیش کرتا ہے ورنہ ہر انسان کے دل میں وہی جذبات پیدا ہو سکتے ہیں اور ہوتے ہیں جو شاعر کے قلب و دماغ کو دعوتِ فکر دیتے ہیں لیکن صرف محسوس کرنا اور بات ہے اور محسوس کرنے کے بعد ان کا اظہار ایک علیحدہ چیز ہے۔

ہر بڑے شاعر کے کلام کا عمیق مطالعہ کرنے کے بعد ہمیں اس کی پوری شاعری میں ایک مرکزی خیال ملے گا اور اسی ایک مرکز یا محور کے اطراف اس کی شاعری گھومتی ہوئی نظر آئے گی۔ کہیں وہ زندگی کے متعلق تاثرات بیان کرے گا۔ چاہے وہ اپنے ہوں یا پرائے اور کہیں زندگی کو مختلف زاویہ ہائے نظر سے دیکھے گا اور ان زاویوں کی مدد سے چند حقائق و واقعاتِ زندگی کو پیش کرے گا چونکہ انسان کے دل میں اس کی زندگی

کی مختلف منزلوں میں متضاد جذبات پیدا ہوتے ہیں اس لیے شاعر کا کلام بھی متضاد خیالات کا آئینہ دار ہوتا ہے۔ کہیں وہ زندگی کی پیچیدہ گتھیوں کو لگاتار محنت سے سلجھاتا ہوا پایا جائے گا اور کہیں اس دنیا سے تنگ آ کر اپنے تخیل کی مدد سے ایک نئی دنیا بساتا ہوا نظر آئے گا۔ کبھی وہ کشمکشِ زندگی میں پیہم مشکلات اور ناکامیوں سے دوچار ہو کر انسان کی مجبوری اور ان مجبوریوں کے خاتمے کا ذریعہ موت کو ٹھہرائے گا کبھی اس کی نظر میں دنیا ایک بازیچۂ اطفال نظر آئے گی اور ہنسی خوشی سے زندگی گزارنا اس کے بائیں ہاتھ کا کھیل نظر آئے گا۔ اگر کسی موقع پر وہ مصائبِ زندگی سے تنگ آ کر ایک آخری بلا یعنی "مرگِ ناگہانی" کا منتظر رہے گا تو کبھی اس سازِ ہستی کے ایک نہ ایک دن "بے صدا" ہو جانے کا یقین کر لینے کے بعد اپنے دل کو یہ مشورہ دے گا کہ "نغمہ ہائے غم کو غنیمت جانو"۔ کبھی وہ ہستی کی رونق بڑھانے اور "زیست کا مزہ" پانے کے لئے عشق خانۂ ویراں ساز کا دامن تھامنے کی تعلیم دے گا اور کبھی آلام و مصائب سے گھبرا کر اور تنگ آ کر کاروبارِ شوق کے لئے فرصت اور نظارۂ جمال کے ذوق کا فقدان محسوس کرے گا۔ کبھی فکرِ دنیا میں سر کھپانا اس کے لئے وبال ہو جائے گا اور جینے کا مزہ موت کے لازم ہونے میں محسوس کرے گا جہاں وہ اپنی زندگی مشکلات میں بسر کرنے کے سبب یہ کہہ اُٹھے گا ۔

ہم بھی کیا یاد کریں گے کہ خدا رکھتے تھے

وہیں زندگی جیسی گراں قدر شئے کو بارگاہِ ایزدی میں پیش کرتے ہوئے یہ کہے گا ۔

حق تو یہ ہے کہ حق ادا نہ ہوا

مختصر یہ کہ شاعر زندگی اور موت کے مسائل، انسانی جذبات کی ترجمانی اور اپنے تجربات زندگی کو شاعری کا موضوع بناتا ہے۔ درحقیقت وہی شاعر ادبی دنیا میں اعلیٰ مقام حاصل کرنے کا مستحق ہے اور وہی شاعر ادبی دنیا میں اپنا مقام آپ پیدا کرلیتا ہے۔ جس کی شاعری کا محور زندگی اور واقعاتِ زندگی ہوا کرتے ہیں۔ ان ہی شاعروں نے اپنے نتائج فکر سے دنیا والوں کو ایک پیام دیا ہے زندگی کی دُکھتی رگ پکڑنا یا زندگی کے نشیب و فراز کو ہماری نگاہوں کے سامنے لا کھڑا کرنا اور ان سے بجائے فرار و گریز کے جوانمردی سے راہ زندگی کو طے کرنے کی تعلیم دینا ایسے ہی شاعروں کا مطمح نظر ہوا کرتا ہے۔

مذکورہ بالا تمام خصوصیات دنیائے شاعری کی جس عظیم المرتبت اور لائقِ فخر ہستی میں جمع ہو گئی تھیں، وہ اسد اللہ خاں غالب ہے جس نے تمام شعرائے متقدمین کی راہ سے ہٹ کر اپنے لیے ایک نئی راہ انتخاب کی وہ اپنے رنگ کا پہلا اور آخری شاعر تھا ان کے کلام کو دیکھنے کے بعد تخیل کی بلندی کا مفہوم ہمارے ذہن نشین ہوتا ہے تب ہی یہ کہا جا سکتا ہے کہ اندازِ بیان کی خوبی کسے کہتے ہیں۔ سچ تو یہ ہے کہ تمام اردو شاعری کی متانت و سنجیدگی سمٹ سمٹا کر اس کی شاعری میں جمع ہو گئی ہے۔ اس کے کلام میں اُردو شاعری ایک شریر و چلبلی دوشیزہ کی طرح نہیں بلکہ ایک باوقار، شائستہ اور متین عورت کے روپ میں جلوہ گر ہوئی ہے جسے اپنی شخصیت و ذمہ داری کا احساس بھی ہوتا ہے اس نے دنیا کے سامنے اپنا مخصوص پیام اپنے مخصوص انداز میں پیش کیا، جو

یقیناً قابلِ قدر ہے۔ اس کا کلام حیاتِ جاوید حاصل کر چکا۔ وہ باقی رہے گا۔ کیونکہ اس میں چند حقائق ہیں اور حق کبھی مٹ نہیں سکتا۔ یہ فطرت کا اٹل قانون ہے۔

غالبؔ کی ابتدائی زندگی نہایت عیش وعشرت اور بے فکری میں گذری لیکن اس کے بعد انہیں اپنی بقیہ طویل زندگی میں اطمینان و مسرت سے کہیں زیادہ پریشانی وغم سے سابقہ رہا۔ مصیبت کے ان دنوں میں وہ عیشِ رفتہ کو یاد کرتے ہیں اور پھر اپنی اس حرکت پر عجیب طرح سے نکتہ چینی بھی کرتے ہیں ؎

فلک سے ہم کو عیشِ رفتہ کا کیا کیا تقاضا ہے
متاعِ بُردہ کو سمجھے ہوئے ہیں قرض رہزن پر

ایک اور مقام پر وہ اس خیال کو کہ جب مشکلات نے نہیں گھیرا تھا اس وقت ان کے دفع کرنے کی طاقت تھی اور اب جب کہ پریشانی کا سامنا ہے کچھ بھی نہیں سوجھتا۔ اپنے آپ سے مخاطب ہو کر کہتے ہیں ؎

درماندگی میں غالبؔ کچھ بن پڑے تو جانوں
جب رشتہ بے گرہ تھا، ناخن گرہ کشا تھا

ہندوستان کے مسلمانوں کی عظمت کے اظہار کا واحد ذریعہ یعنی رہی سہی سلطنتِ مغلیہ کا چراغ گُل ہو گیا۔ متاعِ آزادی لُوٹ لی گئی اور بدبخت کاروں کے دل سے "احساسِ زیاں" بھی جاتا رہا۔

مصیبت، ہندوستان کے مسلمانوں کے ساتھ سایہ کی طرح پھر رہی تھی ان تمام ناخوشگوار حالات سے غالبؔ کا دل بھی بیٹھ گیا۔ وہ مسلمانوں کی طرف سے مایوس سا ہو گیا تھا۔ کہتا ہے ؎

خزاں کیا فصلِ گُل کہتے ہیں کس کو کوئی موسم ہو
وہی ہم ہیں، قفس ہے اور ماتم بال و پر کا ہے

آخرِ عمر میں وہ نقدانِ راحت سے گھبرا اُٹھے تھے کیونکہ اس وقت نہ ذریعۂ معاش باقی رہا تھا اور نہ صحتِ جسمانی اور دراصل یہی دو بنیادی ضرورتیں ہیں جن سے انسان کو بڑی حد تک سکونِ قلب حاصل ہو سکتا ہے یہ واقعہ ہے کہ شاہی کی سرپرستی کے زمانے میں بھی وہ کبھی فارغ البالی سے گزر بسر نہ کر سکے۔ شاید یہی سبب ہے کہ ان پریشانیوں نے انھیں غم و معیبت کو اپنا موضوع فکر بنانے پر مجبور کیا۔ چنانچہ انھوں نے اپنے کلام میں غمِ ہستی کا بار بار تذکرہ کیا ہے اور کہیں کہیں اندازِ بیان سے حسرت و یاس جھلکتی ہوئی نظر آتی ہے۔

انسان کی زندگی اپنے اختتام کو پہنچنے تک نشیب و فراز اور مصیبت و غم سے گزرتی ہے۔ اس غم ہستی کا واحد علاج موت ہے اور غالبؔ کے خیال کے مطابق موت ہی وہ "سحر" ہے جس کے طلوع ہونے کے بعد شمعِ حیات گُل ہو جاتی ہے ؎

غمِ ہستی کا اسدؔ کس سے ہو جز مرگ علاج
شمع ہر رنگ میں جلتی ہے سحر ہونے تک

اسی خیال کو ذوقؔ نے بھی باندھا ہے اور خوب باندھا ہے ؎

اے شمع تیری عمرِ طبیعی ہے ایک رات
رو کر گزار یا اُسے ہنس کر گزار دے

حکیم آغا جان عیشؔ نے اِسی خیال کو نظم کیا ہے ؎

اے شمع صبح ہوتی ہے روتی ہے کس لیے
تھوڑی سی رہ گئی ہے اسے بھی گزار دے

جب تک انسان زندہ ہے غم واندوہ بھی اس کے ساتھ ہیں۔ موت ہی غم ورنج کا خاتمہ کر سکتی ہے ورنہ زندگی و غم ایک دوسرے سے وابستہ ہی رہتے ہیں ۔

قیدِ حیات وبندِ غم، اصل میں دونوں ایک ہیں
موت سے پہلے آدمی غم سے نجات پائے کیوں

غالب ایک بلند مرتبہ شاعر ہے اور جہاں وہ غم سے متاثر ہوتا ہے وہیں اس کی دوررس نگاہ چند حقائق پر بھی پڑتی ہے۔ جہاں تک معمولی نظریں نہیں پہنچ سکتیں اس لئے وہ ایک بار غم کو بھی غنیمت سمجھتا ہے کیونکہ جب یہ سازِ ہستی ختم ہو جائے گی تو پھر نغمہائے غم بھی سننے نہ جاسکیں گے ۔

نغمہ ہائے غم کو بھی اے دل غنیمت جانیئے
بے صدا ہو جائے گا یہ سازِ ہستی ایک دن

جب ہماری زندگی کی رونق، ہما ہمی اور دھوم یا ہنگامہ پر موقوف ہے اور مسرت ہمیں حاصل نہیں ہو سکتی تو پھر نوحۂ غم ہی غنیمت ہے ۔

ایک ہنگامہ پہ موقوف ہے گھر کی رونق
نوحۂ غم ہی سہی، نغمۂ شادی نہ سہی

انسان کی زندگی بہت مختصر ہے اس لئے اسے غفلت میں نہیں گزارنا چاہیئے زندگی کے مختصر ہونے کی غالب نے ایک انوکھی تشبیہہ دی ہے ۔

یک نظر بیش نہیں فرصتِ ہستی غافل
گرمیٔ بزم ہے اک رقصِ شرر ہونے تک

صوفیا کے ایک گروہ کے خیال کے مطابق دنیا ایک فریب ہے اور کچھ نہیں۔ غالب نے بھی اس خیال کو نئے انداز میں بیان کیا ہے ؎

ہاں کھائیو مت فریبِ ہستی
ہر چند کہیں کہ ہے نہیں ہے

ہستی کے مت فریب میں آجائیو اسد
عالم تمام حلقۂ دامِ خیال ہے

شاہدِ ہستیٔ مطلق کی کمر ہے عالم
لوگ کہتے ہیں کہ ہے پر ہمیں منظور نہیں

شاعر کو ہستی یا زندگی کیوں فریب نظر معلوم ہوتے ہیں اور وہ اسے کیوں دامِ خیال سمجھتا ہے، محض اس لئے کہ وہ دیکھتا ہے کہ اس زندگی پر بظاہر انسان کا کوئی قابو نظر نہیں آتا۔ مشکلات و مصائب سدِ راہ بنے ہوئے نظر آتے ہیں۔ ناکامیاں ہمت پست کئے دیتی ہیں۔ اسی سبب سے وہ سمجھتا ہے کہ انسان مجبورِ محض ہے اور اسے کوئی اختیار حاصل نہیں ہے اس کی مجبوری کی مثال کو غالب نے اس شعر میں پیش کیا ہے ؎

رَو میں ہے رخشِ عمر کہاں دیکھئے تھمے
نَے ہاتھ باگ پر ہے نہ پا ہے رکاب میں

جب اس نے زندگی کے متعلق ایسا نظریہ قائم کیا تو پھر وہ دنیا کو وہ بیکار

چیز سمجھنے لگتا ہے اور انسان کے عقل و دانش کے دعوے اسے غلط معلوم ہوتے ہیں۔ وہ دنیا و دین کو انسان کے لئے غفلت میں ڈالنے والی چیزیں سمجھتا ہے ۔

لافِ دانش غلط و نفعِ عبادت معلوم !
دُردِ یک ساغرِ غفلت ہے چہ دنیا و چہ دیں

اسی لئے وہ زندگی کو ایک تماشے سے زیادہ اہمیت نہیں دیتا اور ہستیٔ اشیاء کو ہمارا وہم قرار دیتا ہے کیونکہ اسے ایسا معلوم ہوتا ہے کہ "عالم" محض نام ہی نام ہے اس سے بڑھ کر اس کے وجود کی کوئی حیثیت نہیں ہے ۔

بازیچۂ اطفال ہے دنیا مرے آگے
ہوتا ہے شب و روز تماشا مرے آگے

جز نام نہیں صورتِ عالم مجھے منظور
جز وہم نہیں ہستیٔ اشیا مرے آگے

جہاں زندگی مصائب و آلام سے بے مزہ ہوتی ہے اور جہاں انسان اس سے بددل ہو جاتا ہے وہیں رونقِ ہستی کے لئے شاعر ایک لازوال شئے پیش کرتا ہے اور بتاتا ہے کہ اس شئے کے بغیر زندگی واقعی فضول ہے ۔

رونقِ ہستی ہے عشق خانہ ویراں ساز سے
انجمن بے شمع ہے گر برق خرمن میں نہیں

زندگی اور عشق میں گہرا تعلق ہے۔ انسان کے لئے عشق ایک ایسا بلند مقام ہے جہاں سے دنیا کے تمام آلام و مصائب کے پہاڑ نشیب میں نظر آنے لگتے ہیں اور رنج و غم کے بندھن ٹوٹتے ہوئے محسوس ہوتے ہیں

اور اس دنیا کو عشق کے سہارے ایک قدم میں پار کر لیا جا سکتا ہے ۔

ہے کہاں تمنا کا دوسرا قدم یارب
ہم نے دشتِ امکاں کو ایک نقشِ پا پایا

یہی عشق ہے جو انسان کو مصائب و آلام کی شدت کے باوجود اپنے حقیقی منصب یا فرض سے غافل نہیں ہونے دیتا اور اس کشمکشِ حیات میں بھی اپنے آپ کو ایک قابلِ پرستش ہستی سے وابستہ رکھتا ہے ۔

گو میں رہا رہینِ ستم ہائے روزگار
لیکن ترے خیال سے غافل نہیں رہا

انسان کی زندگی کا کمال یہ ہے کہ وہ ذاتِ الٰہی میں اپنی ہستی کو فنا کردے ۔

عشرتِ قطرہ ہے دریا میں فنا ہو جانا
درد کا حد سے گزرنا ہے دوا ہو جانا

اگر انسان کے لئے کسی نہ کسی دن مرنا لازمی نہ ہوتا تو زندگی بے لطف ہو جاتی زندگی کا لطف موت میں پنہاں ہے کیونکہ اس حقیقت سے واقف ہو کر کہ ایک دن مادّی زندگی کا ختم ہو جانا ضروری ہے انسان کے دل میں کم سے کم مدت میں زیادہ سے زیادہ کام کرنے کی اُمنگ پیدا ہوتی ہے اور وہ چاہتا ہے کہ جلد سے جلد اپنے بلند ارادوں کی تکمیل کرے تاکہ کہیں فرشتۂ اجل اسے اپنے ارادوں کو نامکمل چھوڑ دینے پر مجبور نہ کرے ۔ اگر موت لازم نہ ہوتی تو انسان بے پرواہ ہو کر اپنے ہر کام کو "فردا" پر ڈال دیتا اور زندگی جس کا مزا سراسر مصروف رہنے میں ہے بے مزہ ہو جاتی ۔

ہوس کو ہے نشاطِ کار کیا کیا   نہ ہو مرنا تو جینے کا مزا کیا

مقصد میں کامیابی کے لئے نتیجہ کی فکر کئے بغیر اپنے کام میں لگے رہنا چاہئے کیونکہ بالآخر وہی ہوگا جو فکر کرنے کے بعد بھی ہو سکتا ہے۔ مصیبت سے گھبرانا باہمت انسان کا شیوہ نہیں ہے

رات دن گردش میں ہیں سات آسماں
ہو رہے گا کچھ نہ کچھ گھبرائیں کیا

اگر قوتِ برداشت ہو تو مصیبت بھی راحت سے بدل سکتی ہے۔ رنج و مصیبت کی کثرت انسان کو بے پروا بنا دیتی ہے اور وہ ان کا خوگر ہو جاتا ہے۔ چنانچہ غالب کہتا ہے

رنج سے خوگر ہوا انساں تو مٹ جاتا ہے رنج
مشکلیں مجھ پر پڑیں اتنی کہ آساں ہو گئیں

زندگی کے ہر شعبے میں اور انسان کے ہر فعل میں نیت و ارادہ اور خلوص کو دیکھنا چاہیئے اور اگر مقصد پورا ہو جاتا ہے تو سطحی باتوں کو موضوعِ بحث و تکرار نہ بنانا چاہیئے

وفاداری بہ شرطِ استواری اصل ایماں ہے
مرے بت خانہ میں تو کعبہ میں گاڑو برہمن کو

اگر کوئی ہمیں بُرا کہے تو اس پر دھیان نہ دینا چاہیئے۔ اگر کسی کو غلط راستے پر چلتے ہوئے دیکھا جائے تو اس کی رہبری کرنا تقاضۂ انسانیت ہے۔ اور چونکہ خطا و قصور ہر شخص سے سرزد ہونے کا امکان ہے اس لئے عفو و درگزر اچھی صفت ہے۔ دنیا میں ہر شخص کو احتیاجات ہیں۔ اس لئے کوئی کسی کی ضرورت کہاں تک پوری کر سکتا ہے۔ ان خیالات کو غالب کی زبانی سُنیئے

نہ سنو گر برا کہے کوئی نہ کہو گر برا کرے کوئی
روک لو اگر غلط چلے کوئی بخش دو گر خطا کرے کوئی
کون ہے جو نہیں ہے حاجت مند کس کی حاجت روا کرے کوئی

چاہے حوادث کی کتنی ہی کثرت کیوں نہ ہو ان سے خوفزدہ ہونے کی ضرورت نہیں کیونکہ یہی حوادث ہمیں سبق دیتے ہیں' ان ہی سے ہم تجربات حاصل کرتے ہیں اور آئندہ کے لئے احتیاط سے کام لیتے ہیں ۔

اہل بینش کو ہے طوفانِ حوادث مکتب
لطمۂ موج کم از سیلیٔ استاد نہیں

مردِ میدان وہی ہے جو خطرات کو آواز دے کہ وہ آئیں اور اس کے عزم وارادہ اور پامردی کا امتحان لیں ۔ موانعات رخش ترقی کے لئے تازیانے کا کام کرتے ہیں اور مشکلات میں گھِر کر انسان خوش ہوتا ہے کہ اسے اپنی ہمت کے مظاہرے کا موقع مل گیا ۔

ان آبلوں سے پاؤں کے گھبرا گیا تھا میں
جی خوش ہوا ہے راہ کو پُرخار دیکھ کر

بعض لوگ بہت جلد مایوس ہو جاتے ہیں حالانکہ اگر مقصد کے حاصل کرنے میں انتظار ہی کرنا پڑے تو اس زحمت کو بھی گوارا کر لینا چاہیئے ۔

نفس نہ انجمنِ آرزو سے باہر کھینچ
اگر شراب نہیں انتظارِ ساغر کھینچ

غالب کا خیال ہے کہ عبادت' عبودیت کے اظہار کی خاطر کی جانی چاہیئے

جنت کی خاطر عبادت کرنا، عبودیت کی شان نہیں۔ اس لئے وہ کہتا ہے کہ بہشت کو دوزخ میں جھونک دینا چاہیئے تاکہ لوگ صرف اللہ کے لئے عبادت کریں۔

طاعت میں تا رہے نہ مئے انگبیں کی لاگ
دوزخ میں ڈال دو کوئی لے کر بہشت کو

غالب کے نظریۂ حیات اور لافانی پیام کو مختصراً یوں بیان کیا جا سکتا ہے کہ زندگی کے سنوارنے میں عشق کا بہت بڑا حصہ ہے کیونکہ وہی رونق ہستی ہے اور اسی سے دنیا قائم ہے۔ ہر چند انسان بے بس اور عمر برق خرام کا مالک ہے لیکن اگر وہ چاہے تو اس فرصتِ زندگی میں بڑے بڑے کام انجام دے سکتا ہے۔ عشق ہی کی بدولت دشتِ امکاں ایک نقشِ پا نظر آتا ہے۔ یہہ حقیقت ہے کہ رنج و غم سے زندگی میں واسطہ پڑتا ہے لیکن اگر عزم وارادہ ہو اور دل کی تربیت عمدہ ہو تو یہ آلام و مصائب، راحت و آرام سے بدل سکتے ہیں۔ انسان کی معراجِ کمال یہی ہے کہ وہ اس ذات میں فنا ہو جائے جس کا ایک پرتو ساری دنیا اور وہ خود بھی ہے۔

مختصر یہہ کہ اگر زندگی میں رنج و غم نہ ہوتے تو زندگی کا مزہ حاصل نہ ہوتا۔ رُکاوٹیں نہ ہوتیں تو انسان کو سعی پیہم کا خیال نہ آتا اور موت لازم نہ ہوتی تو دنیا میں یہہ گرما گرمی اور چہل پہل نظر نہ آتی۔

▲▲